Ulrich Huse
Verlagsmarketing

BRAMANN Basics – buch & medien | bibliothek
Band 1
Hg. von Klaus-W. Bramann und Anke Vogel

Ulrich Huse

Verlagsmarketing

Alle Titel der Reihe werden in der *Deutschen Nationalbibliografie* angezeigt.
Die Deutsche Nationalbibliothek bietet nach Erscheinen detaillierte bibliografische Informationen unter http://dnb.d-nb.de.

© 2017 Bramann Verlag, Frankfurt am Main
Die vorliegende Ausgabe ist textidentisch mit der Ausgabe von 2013
Alle Rechte vorbehalten

Einbandgestaltung und Layout
Margarete Bramann nach einer Reihenkonzeption von Frauke Renz (Siegerentwurf eines Gestaltungswettbewerbs im Studiengang Mediapublishing an der Hochschule der Medien, Stuttgart).

Typografie
Margarete Bramann, Frankfurt am Main

Druck und Bindung
CPI-Clausen & Bosse, Leck | www.cpibooks.de
Printed in Germany 2017

ISBN (Print)   978-3-934054-53-0
ISBN (PDF)   978-3-934054-72-1
ISBN (EPUB)   978-3-934054-73-8

Inhalt

Vorwort der Herausgeber 7
Zur Einführung 9

1 Marketing in Buchverlagen 13
1.1 Kundenwünsche, Kundennutzen und Kundenbindung 13
1.2 Zielgruppenbestimmung und Marktsegmentierung 18
1.3 Der Buchmarketing-Mix 20

2 Der Verlag als Marke 27
2.1 Markenpolitik für Verlage 27
2.2 Markenführung und Benchmarking 29
2.3 Beispiele erfolgreicher Verlagsmarken 31
2.4 Corporate Identity und Corporate Design 33

3 Handelsmarketing 41
3.1 Vertreterkonferenz 42
3.2 Verlagsvorschau 46
3.3 Promotion Packages und Leseexemplare 56
3.4 Erstverkaufstag 61
3.5 Handelswerbung 66
3.6 Verkaufshilfen für den PoS 80

4 Produktmarketing 83
4.1 Das besondere Buch 83
4.2 Der Buchumschlag 90
4.3 Die Paratexte 100

5	**Endkundenmarketing**	107
5.1	Anzeigenwerbung	108
5.2	Direktmarketing	109
5.3	PoS-Marketing der Verlage	110
5.4	Marketing des Sortimentsbuchhandels	115
5.5	Das Buch als Werbeträger	124
5.6	Merchandising	128
5.7	Kooperationsmarketing	132
6	**Online-Marketing**	137
6.1	Kundenbindung im Internet	138
6.2	Digitale Werbeformen	142
6.3	Social-Media-Marketing	147

Anhang	153
#Spotlights	155
Namensregister	159
Sachregister	161

Vorwort der Herausgeber

Wer beruflich erfolgreich mit Büchern arbeiten möchte – egal ob in Verlagen, im verbreitenden Buchhandel, in der Leseförderung, in verschiedenen kulturellen Einrichtungen oder Agenturen –, benötigt ein breites Wissen rund um dieses besondere Medium. Vielfältige Wandlungsprozesse wirken sich derzeit auf die Erstellung von Produkten, den Vertrieb, die Buchvermittlung im weitesten Sinne, die Rezeption und auch Anschlusskommunikation aus. Will man diesem Wandel in einer digitalisierten Medienumwelt erfolgreich begegnen, müssen traditionelle Wissensbestände durch neue Informationen ergänzt werden. Die Reihe **BRAMANNBasics – buch & medien**° im Bramann Verlag bietet aktuelles und komprimiertes Wissen zu verschiedenen Fragestellungen rund um das Buch. Sie richtet sich nicht nur an Studierende, sondern ist auch für Praktiker mit Gewinn zu nutzen. Bei den Autoren der Reihe handelt es sich durchweg um anerkannte Wissenschaftler und herausragende Praktiker, die ihre Erfahrungen aus Forschung, Lehre und Berufspraxis in ihre Darstellungen einfließen lassen.

Nicht zufällig ist der erste Band dieser neuen Reihe dem Buchmarketing gewidmet, wo viele Fäden zusammenlaufen. Denn wer Marketing in einem ganzheitlichen Sinne versteht, muss über die Ressortgrenzen im Verlag hinausdenken und -kommunizieren und einen stets wachen Blick auf den Markt richten, um wichtige Trends rechtzeitig erkennen und darauf reagieren zu können. Bereits bei der Entwicklung neuer Buchprojekte treten viele Fragen auf, die es im Rahmen einer integralen Marketingstrategie klug zu beantworten gilt. Schließlich soll am Ende der Konsument vom Nutzen und der Qualität des Produkts so überzeugt sein, dass er dieses auch kauft – bei rund 100 000 Neuerscheinungen pro Jahr keine ganz leichte Aufgabe! Gelingt es Verlagen, sich als Marke zu etablieren oder Marken innerhalb ihres Hauses zu führen, kann dieses ›Qualitätsversprechen‹ dem Konsumenten bei der

Auswahl des richtigen Buchs helfen und zugleich dem Handel in seiner Vermittlerrolle zwischen Verlagen und Konsumenten Orientierung geben. Welche Weichen für eine erfolgreiche Markenstrategie zu stellen sind, ist nur eines der zahlreichen Themen, die in diesem Band anschaulich behandelt werden.

Mit Ulrich Huse konnte ein hervorragend ausgewiesener Autor gewonnen werden: Seit 2003 Inhaber der Professur für Verlagswirtschaft an der Hochschule der Medien in Stuttgart, war er zuvor viele Jahre in verschiedenen Verlagen (u. a. Fischer/Krüger und Harenberg) tätig. In dem vorliegenden Band verbinden sich daher die aus Forschung und Lehre gewonnenen Erkenntnisse auf ideale Weise mit seinen Erfahrungen aus der berufspraktischen Arbeit.

Die Herausgeber danken allen, die an der Entstehung dieser Reihe mitgewirkt haben. An erster Stelle seien die Studierenden aller Studiengänge ›Rund ums Buch‹ genannt, die uns – das schließt das Mitwirken von Prof. Ernst Fischer als Ko-Herausgeber des ersten Bandes im Jahr 2003 mit ein – durch ihr Interesse und ihre Nachfragen ermutigt haben, die Idee zu dieser Lehrbuchreihe in die Tat umzusetzen. Hervorzuheben ist die Gruppe der Studierenden an der Hochschule der Medien in Stuttgart, die sich im Wintersemester 2010/11 unter der Leitung von Prof. Hans-Heinrich Ruta engagiert mit der Frage der typografischen Gestaltung dieser Reihe auseinandergesetzt hat.

Januar 2017   *Klaus-W. Bramann und Anke Vogel*

*Die 1. Auflage des Titels *Verlagsmarketing* erschien 2013 als Band 1 der Reihe **CAMPUSBasics – buch & medien**. Die 2. Auflage aus dem Jahr 2017 ist textidentisch mit der Ausgabe von 2013 (unveränderte ISBN), erscheint jedoch als Band 1 unter der neuen Reihenbezeichnung **BRAMANNBasics – buch & medien | bibliothek**. Nach dem Ausscheiden von Ernst Fischer als Ko-Herausgeber wird sie seit 2016 von Anke Vogel und Klaus-W. Bramann konzeptionell betreut.

Zur Einführung

»[…] denn die Zerstreuung eines Buchs durch die Welt ist fast ein ebenso schwieriges und wichtiges Werk, als die Verfertigung desselben.«

Diese viel zitierte Erkenntnis Friedrich Schillers, niedergeschrieben am 1. September 1794 in einem Brief an seinen Verleger Johann Friedrich Cotta, verweist auf das Grundproblem aller Literatur: Sie vermag ihre Kommunikationsfunktion erst mit der Rezeption durch den Leser zu realisieren. Auf dem schnell wachsenden und neue Strukturen entwickelnden Buchmarkt des späten 18. Jahrhunderts musste ›das Buch‹ aber erstmals um seine Leser kämpfen.

In den folgenden zwei Jahrhunderten kamen neue Medienkonkurrenten hinzu – Film, Radio, Fernsehen und zuletzt das WorldWideWeb –, und mit dem Siegeszug des Internets stellt sich abermals die Frage nach der Überlebensfähigkeit des gedruckten Buchs. Noch ist aber unklar, wie die neuen, marktfähigen Medienformate aussehen. Fachleute sagen voraus, dass E-Books – wenn überhaupt – frühestens 2020 zum Standardformat für Bücher werden könnten. Und, noch bemerkenswerter: Von einem Untergang des gedruckten Buchs ist keine Rede mehr:

»Die elektronischen Bücher haben eine gute Chance, sich im Markt durchzusetzen, aber sie werden wohl neben anderen Angebotsformen existieren, so wie es heute Hardcover und Paperbacks gibt. Das gedruckte Buch wird weiter existieren […], und auch dem klassischen Buchdruck könnte diese neue Technologie einen neuen Schub geben. Gedruckte Exemplare für den klassischen Leser werden wieder aufwändiger ausgestattet und anspruchsvoller gestaltet.« (Delphi-Studie 2009, 210)

Unbestritten ist aber, dass auch weiterhin für Bücher geworben werden muss, denn selbst wenn sich die Formate in medienkonvergenten Zeiten einander annähern, verschärft sich die **Konkurrenzsituation** – um

Käufer/Leser und deren Zeitbudget. 1913 formulierte der Journalist Wolfgang Riepl in seiner altphilologischen Dissertation das heute nach ihm benannte ›Grundgesetz‹, dass einmal eingebürgerte Kommunikationsformen, -mittel und -methoden…

»[…] auch von den vollkommensten und höchst entwickelten niemals wieder gänzlich und dauernd verdrängt und außer Gebrauch gesetzt werden können, sondern sich neben diesen erhalten, nur dass sie genötigt werden, andere Aufgaben und Verwertungsgebiete aufzusuchen.« (Riepl 1913, 5)

Es stimmt, dass – wie das ›Rieplsche Gesetz‹ es postuliert – weder Kino, Radio noch Fernsehen eines der Vorgängermedien »gänzlich und dauernd verdrängt« haben. Die Medienentwicklung erfolgte bisher kumulativ, nicht substituierend. Allerdings haben sich die Bedingungen gegenüber der gesellschaftlichen Situation vor 100 Jahren in einem Punkt entscheidend verändert: Die erwähnte Kumulation bei der Informationsnutzung hat dazu geführt, dass den Menschen die Zeit knapp geworden ist. Das Buch ist aber, anders als Radio und Fernsehen, kein ›Nebenbeimedium‹, sondern erfordert bei der Nutzung Konzentration.

Deshalb ist das offensive Propagieren des Buchs, ob als Informations- oder Unterhaltungsmedium, als Ratgeber oder Repräsentationsobjekt, heute wichtiger denn je. Ein sich **wandelndes Mediennutzungsverhalten** zwingt den herstellenden und den verbreitenden Buchhandel dazu, verstärkt für ihr Kernprodukt zu werben – nicht aus nostalgischem Traditionsbewusstsein, sondern aus ökonomischer Notwendigkeit, denn noch fehlen überzeugende Geschäftsmodelle für den Internet-Handel mit Inhalten. Dass die Existenz des stationären Buchhandels nicht unwesentlich mit dem Schicksal des körperlichen, also gedruckten Buchs zusammenhängt, ist eine weitere Erkenntnis des noch jungen 21. Jahrhunderts.

Das vorliegende Buch unternimmt den Versuch, die vielen Facetten des Buchmarketings zusammenfassend darzustellen. Es steht damit allein, denn trotz der Flut an jährlichen Novitäten und der unzähligen Werbeaktivitäten für diese gibt es derzeit kein Werk auf dem deutschsprachigen Markt, das sich ausschließlich dem Thema Verlagsmarketing, seinen Formen, Zielen und Perspektiven widmet. Es steht allerdings in einer langen Tradition, denn bereits 1923 legte Horst Kliemann die erste seiner zahlreichen Veröffentlichungen über ›**buchhändlerische Reklame**‹ (so der damalige Fachterminus) vor: *Die Werbung fürs Buch*. Mit diesem ›Leitfaden‹ wollte er »zeigen, wo und wann […] sich die buchhändlerische Reklame von derjenigen anderer Handelszweige« unterscheidet (aus dem Vorwort zur ersten Auflage).

Der aus Böhmen stammende Kliemann war erst 27 Jahre alt und als Vertriebsleiter des Verlags R. Oldenbourg in München tätig, als er sein Grundlagenwerk veröffentlichte. Er engagierte sich früh im Börsenverein und publizierte rege zu praktischen Fragen der Buchbranche. Sein Verdienst ist es, Buchreklame von dem Makel befreit zu haben, reißerisch und für Produkte geistigen Inhalts unangemessen zu sein. Denn, so Kliemann (1924):»Im Reiche der Ideen findet sich aber der gleiche Wettbewerb wie im Bereich der realen Welt, mithin tritt auch dort die Werbung als zweckhafte Handlung in Erscheinung.«

Reklame: Bis in die 1940er Jahre in Deutschland üblicher Begriff für Werbung, abgeleitet vom französischen réclame (von réclamer = ausrufen, anpreisen).

Im vorliegenden Buch werden auch einige allgemeine Marketingaspekte angesprochen (s. Kap. 1), doch ersetzen diese Ausführungen nicht die Lektüre eines der vielen instruktiven Grundlagenwerke zum Thema Marketing. Die weitere Darstellung geht vom herstellenden Buchhandel aus und unterscheidet nach Zielgruppen, also Handel und Endkunden. Anschließend wird das Marketing des verbreitenden Buchhandels betrachtet, doch ist diese Trennung nur eine organisatorische, denn eine klare Abgrenzung fällt in einigen Punkten schwer. Gesonderte Kapitel widmen sich dem Buch als Marketinginstrument sowie dem Online-Marketing für Bücher. Da der letztgenannte Bereich besonders im Fluss ist, kann hier nur eine Momentaufnahme gegeben werden.

Einen wichtigen Zusatznutzen für die Leser bieten die **Abbildungen.** Sie dienen einerseits der Illustration der Ausführungen, sollen andererseits aber auch bildlich vertiefen, was textlich nur schwer zu beschreiben ist: die visuelle Umsetzung von Werbezielen. Es ist fast zum Topos geworden, die Antiquiertheit und Ineffizienz von Buchwerbung durch Publikumsverlage zu beklagen. Doch ein Blick auf die hier abgedruckten Beispiele zeigt: So schlimm ist es wahrlich nicht. Auch

Buchwerbung der 1930er Jahre: »Dies war in Lebensgröße ein ausgestanztes Plakatbild, das am Strande aufgestellt viel Aufsehen machte«, so Hermann Ullstein (1935, Anhang)

Werber in Verlagen haben gute Ideen, Mut zu Neuem und – vor allem – Spaß daran, das traditionsreiche Medium Buch lebendig und spannend zu inszenieren. Und das Internet eröffnet ihnen dazu eine neue, kreativ nutzbare Plattform.

Verwendete und weiterführende Literatur

Internationale Delphi-Studie 2030. *Zukunft und Zukunftsfähigkeit der Informations- und Kommunikationstechnologien und Medien.* Hrsg. v. Münchner Kreis e.V./EICT GmbH/Deutsche Telekom AG/Infratest GmbH. November 2009

Kliemann, Horst: *Die Stellung der Reklame im sozialen und geistigen Geschehen mit besonderer Berücksichtigung des Buchhandels. Versuch einer Theorie.* In: Börsenblatt 91, 1924, 197

Kliemann, Horst: *Die Werbung fürs Buch. Leitfaden der buchhändlerischen Reklame.* 2., vermehrte Aufl. Stuttgart: C.E. Poeschel 1925

Riepl, Wolfgang: *Das Nachrichtenwesen des Altertums mit besonderer Rücksicht auf die Römer.* Leipzig: Teubner 1913, Nachdruck Hildesheim: Olms 1972

Ullstein, Hermann: *Wirb und Werde! Ein Lehrbuch der Reklame.* Bern: A. Francke 1935

Vollmer, Wilhelm (Hrsg.): *Briefwechsel zwischen Schiller und Cotta.* Stuttgart: Cotta'sche Buchhandlung 1876

1 Marketing in Buchverlagen

Informationsflut und Kommunikationsdichte haben in der modernen Gesellschaft einen Grad erreicht, der es kaum mehr möglich macht, auf die Vielzahl von persönlichen und geschäftlichen Botschaften zu reagieren. Das Internet und die neu hinzugekommenen Social-Media-Kanäle werden ebenso von Werbung begleitet wie die ›alten Medien‹ Zeitung, Radio und Fernsehen – und dies oft weitaus aggressiver: Hier poppt etwas auf, dort blinkt ein Banner, fast jedes Video beginnt mit einem Werbeclip und der Online-Händler empfiehlt ungefragt, was vermeintlich zum Profil des Nutzers passt.

In einer solchen Situation scheint das Marketing vor einer unlösbaren Aufgabe zu stehen: Kommt es still und dezent daher, wird es vielleicht übersehen, ist es laut und aggressiv, wird es womöglich abgelehnt. In dieser Zwickmühle stecken auch die Marketingfachleute in den Buchverlagen. Der Ausweg heißt, sich an die Grundprinzipien des Marketings zu erinnern, die im Folgenden kurz referiert werden sollen.

1.1 Kundenwünsche, Kundennutzen und Kundenbindung

Nach dem Zweiten Weltkrieg dauerte es keine 20 Jahre, bis sich in Deutschland im Zuge des von vielen als ›Wirtschaftswunder‹ empfundenen rasanten Wiederaufbaus der vom Mangel geprägte **Verkäufermarkt** allmählich zum **#Käufermarkt** entwickelte: Immer mehr Teilmärkte waren gesättigt und die Käufer hatten zunehmend die Qual der Wahl. Nun reichte es nicht mehr aus, einfach zu produzieren und darauf zu vertrauen, dass sich für jede Ware schon ein Abnehmer finden werde.

In dieser Situation knüpften deutsche Unternehmen wieder verstärkt an Marketingtraditionen an, mit denen namhafte Firmen schon

> Ein # (Hashtag) markiert all jene Begriffe, die als ›Spotlight‹ erklärt werden.

Jahrzehnte zuvor erfolgreich gewesen waren. Das Grundprinzip allen Marketings, das unternehmerische Denken an den Wünschen der Kunden auszurichten, wurde zum neuen Leitbild wirtschaftlichen Handelns. Als Vorbild galten aber nicht mehr AEG und Dr. Oetker, sondern die großen US-amerikanischen Konzerne wie General Motors und Coca Cola. Je deutlicher wird, welchen Nutzen ein Produkt oder eine Dienstleistung für den potenziellen Käufer hat, umso größer ist dessen Bereitschaft, dafür zu bezahlen – so der Grundgedanke dieser Haltung.

Die zunehmende **Kundenorientierung** erfasste auch den Buchmarkt und führte zu einer immer stärkeren Ausrichtung des verlegerischen Handelns an den Wünschen der Käufer/Leser. Der Buchwerber Jens-Peter Krüger formulierte dies seinerzeit wie folgt:

»Marketing ist eine Strategie und eine unternehmerische Denkweise, die den Kunden (Markt) in den Mittelpunkt aller Überlegungen stellt, mit dem Ziel, Waren oder Dienstleistungen anzubieten und/oder zu vertreiben; Wissen, Einstellung und Verhalten von Personen (Marktpartnern) positiv zu beeinflussen oder zu verändern, um die Unternehmensziele ökonomisch sinnvoll und ökologisch vertretbar zu erreichen.« (Krüger 1995, 10)

Es wird offensichtlich, wie anders und neu diese Denkweise (nicht nur wegen der ökologischen Referenz) war, wenn man sie mit einem berühmten Zitat des Verlegers Kurt Wolff (1965) vergleicht. Er formulierte noch vor 50 Jahren sein Credo wie folgt: »Man verlegt entweder Bücher, von denen man meint, die Leser *sollen* sie lesen, oder Bücher, von denen man meint, die Leser *wollen* sie lesen. Verleger der zweiten Kategorie, das heißt Verleger, die dem Publikumsgeschmack dienerisch nachlaufen, zählen für uns nicht.« Der Wandel vom Kulturverleger, der zu wissen glaubte, was für die Käufer seiner Bücher gut war, hin zum Verlagsmanager, der herauszufinden sucht, was seine Kunden interessieren könnte, ist ein Paradigmenwechsel, der die Basis des modernen Verlagsmarketings bildet.

Und noch ein zweiter Aspekt ist wichtig. Der US-amerikanische ›Management-Pionier‹ Peter Drucker schrieb bereits 1954, Marketing sei …

»[…] so grundlegend, dass es nicht als separate Funktion betrachtet werden kann. Es geht um die gesamte Unternehmenstätigkeit betrachtet aus der Perspektive ihres Endergebnisses, d.h. aus der Sicht des Kunden. Zuständigkeit und Verantwortung für Marketing müssen deshalb alle Bereiche des Unternehmens durchdringen.« (Drucker 1954, 38)

Aus dieser Denkhaltung lässt sich für die klassische **Wertschöpfungskette** (nach Wirtz 2009, 239), also den Weg eines Produkts vom Lieferanten (Autor) durch das Unternehmen (Verlag) bis zum Verbraucher (Leser), für den Buchverlag folgendes Schema ableiten, bei dem marketingorientiertes Denken die Basis aller Wertschöpfungsstufen darstellt:

Akquise	Lektorat/Redaktion	Layout und Herstellung	Distribution
Beschaffung der Inhalte/ Informationen	Auswahl und Veredelung der Inhalte/ Informationen	Gestaltung/Aufbereitung der Inhalte/ Informationen	(Vertrieb) der Inhalte/ Informationen

MARKETING

Es sei an dieser Stelle darauf hingewiesen, dass diese ›klassische‹ Wertschöpfungskette gerade auf den Kopf gestellt wird: Der Hauptanteil der Wertschöpfung wird bisher mit der Herstellung und Verbreitung der physischen Bücher erzielt. Dieser Bereich ist durch die Digitalisierung und die damit verbundene Verlagerung der Produkte in den E-Book-Markt stark bedroht. Wertschöpfung wird künftig in weit größerem Maße als bisher durch den Autor und seine Kreativität sowie durch die Arbeit der Lektoren/Redakteure bei der Auswahl und Veredelung (Zusammenstellung, Anreicherung und Absicherung) von Inhalten erfolgen. Der ehemalige Libri-Chef und derzeitige Tchibo-Manager Markus Conrad hat diese Entwicklung in einem Börsenblatt-Interview (23/2011) folgendermaßen auf den Punkt gebracht: »[...] ein riesiger Teil der Wertschöpfungskette steht zur Disposition. Die einzige Konstante bleibt der Wert des Inhalts, vertrieblich kann sich alles ändern.«

Für ein modernes Verständnis erfolgversprechenden Marketings können dennoch mehrere Aspekte als Grundlagen einer marktorientierten Unternehmensführung festgehalten werden (vgl. die Übersicht auf Seite 16).

Wie **nutzenorientierte Verkaufsargumente** in der Praxis formuliert werden können, zeigt ein Beispiel aus der Verlagsgruppe Hüthig-Jehle-Rehm. Dort wird ein Übungsbuch mit folgenden Sätzen beworben:
- Über 360 Fragen zu allen Themen der Zertifizierung mit ausführlichem Lösungsteil.
- Optimale Vorbereitung auf die Prüfungssituation.
- Interaktiver Test auf CD mit allen Fragen aus dem Buch zur Prüfungssimulation.

PERSPEKTIVEN DES MARKETINGS IN BUCHVERLAGEN

- **KUNDENSICHT** Alle Verlagsaktivitäten sollen aus der Sicht der Kunden/Leser betrachtet werden: Was will er, wie will er es und was ist er bereit, dafür zu bezahlen? Aus den Antworten lassen sich dann Programm, Form, Verpackung und Vertriebskanal sowie Verkaufspreis ableiten.

- **KUNDENWÜNSCHE** Um die richtigen Produkte produzieren zu können, müssen zunächst die Kundenwünsche identifiziert werden. Ein Verlag muss also seine Leser und deren Einstellungen, Gewohnheiten und Wünsche möglichst genau kennen.

- **KUNDENNUTZEN** Wer die Kunden und ihre Ansprüche kennt, ist in der Lage, Produkte zu kreieren, die den Erwartungen gerecht werden, weil sich ein konkreter Kundennutzen benennen lässt. Erfolgreiches Marketing beginnt also bereits mit der Produktkonzeption.

- **LÖSUNGSORIENTIERUNG** Menschen kaufen »keine Sachen, sondern Problemlösungen« (Theodore Levitt), d. h. niemand möchte 500 g bedrucktes Papier, sondern Inhalte, die ihm helfen, sich weiterzubilden (Sach- oder Lehrbuch), eine Alltagssituation zu meistern (Ratgeber), sich auf den nächsten Urlaub vorzubereiten (Reiseführer), die Langeweile zu bekämpfen (unterhaltender Roman) etc.

- **VERKAUFSARGUMENTE** Die meisten Verkaufsargumente deutscher Verlage ähneln einander und sind pure Behauptungen (»Der große Lesegenuss!«). Lässt sich ein klarer Nutzen formulieren, möglicherweise sogar als Alleinstellungsmerkmal (USP), hat das Marketing, was es braucht: einen Kommunikationsanlass, mit dem sich das eigene Angebot von der Konkurrenz abgrenzen lässt.

> USP (engl. Unique Selling Proposition): einzigartiges Verkaufsargument oder Alleinstellungsmerkmal, das sich – anders als eine UAP (Unique Advertising Proposition) – aus dem Produkt selbst ableiten lässt.

Hier gibt die Werbung keine vage Beschreibung des möglichen Nutzens (»ein hilfreiches Buch«), vielmehr werden die Vorzüge für den Leser durch Fakten belegt. Nur das zweite ›Argument‹ schwächelt etwas: Es baut zwar auf den beiden anderen auf, bleibt letztlich aber eine Behauptung, also ein nur für und durch die Kommunikation erzeugtes Werbeargument (UAP).

Eine Erschwernis stellt dabei die Tatsache dar, dass der Kunde die Erfüllung des Grundnutzens (also der impliziten Basisanforderungen an ein Produkt) inzwischen als selbstverständlich ansieht (z. B. dass der Buchrücken beim Aufschlagen nicht bricht und die Klebebindung auch ein mehrmaliges Lesen erlaubt). **Kundenzufriedenheit** entsteht erst durch spezifische Leistungsmerkmale (Illustrationen, Register etc.), **Kundenbindung** durch das darüber hinaus gehende Angebot eines Zusatznutzens.

Der japanische Universitätsprofessor Noriaki Kano hat Ende der 1970er Jahre in seinem (heute nach ihm benannten) Kundenzufriedenheits-Modell solche Zusatznutzen stiftende Produkteigenschaften als **Begeisterungs-Anforderungen** (›delightful requirements‹) bezeichnet. Es sind Merkmale, mit denen der Kunde nicht unbedingt rechnet, die das Produkt aber von der Konkurrenz unterscheiden und besondere Zufriedenheit hervorrufen (beispielsweise ein zusätzliches Lesebändchen oder eine ausklappbare Seite mit den Namen und Funktionen der Protagonisten eines personenreichen Romans). Eine solch kleine Leistungssteigerung kann zu einer überproportionalen Nutzenstiftung und damit zu einer dauerhaften Kundenbindung führen.

Doch auch hier gilt: Stillstand bedeutet Rückschritt. Denn diese Anforderungen verändern mit der Zeit ihre Position im Kano-Modell: Begeisterungsmerkmale werden auch von Mitbewerbern berücksichtigt und damit zu Leistungsmerkmalen, das heißt zu expliziten Erwartungen des Kunden, an denen er die Qualität eines Produkts misst. Bei starker Verbreitung sinken sie schließlich zu Basismerkmalen herab und werden als selbstverständlich vorausgesetzt.

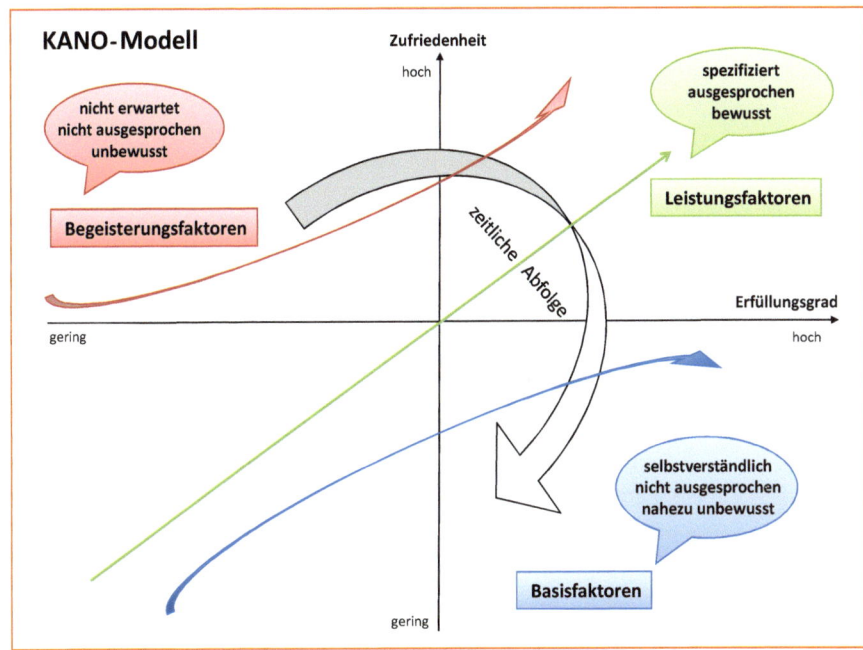

Kundenzufriedenheitsmodell nach Noriaki Kano (eigene Darstellung)

1.2 Zielgruppenbestimmung und Marktsegmentierung

Die ›Lebenszeit‹ eines Produkts wird in unterschiedliche Phasen eingeteilt und im Rahmen des Produktlebenszyklusmanagements von jeweils spezifischen Marketingmaßnahmen begleitet und beeinflusst.

Um ein erfolgreiches Produkt für seine Kunden konzipieren zu können, muss man sie kennen. Dieser Satz, scheinbar eine Plattitüde, beschreibt doch sehr treffend die Problemlage vieler Verlage. Für Bücher mit einem überschaubar kurzen Produktlebenszyklus ist Marktforschung viel zu teuer – und auch zu langwierig. Der Markt verändert sich so schnell, dass Verlage ihre Planungszeiten immer weiter verkürzen: Bei vielen Titeln vergeht heute kein Jahr mehr zwischen Vertragsabschluss und Erscheinen (bei populären Titeln; im wissenschaftlichen Bereich brauchen viele Projekte immer noch Jahre).

MILIEUWELTEN NACH SINUS® (ANTEIL AN DER DEUTSCHEN GESELLSCHAFT)

GESELLSCHAFTLICHE LEITMILIEUS

Sozioökologisches Milieu	7 %	Konsumkritisches/-bewusstes Milieu mit normativen Vorstellungen vom ›richtigen‹ Leben
Liberal-Intellektuelles Milieu	7 %	Die aufgeklärte Bildungselite mit liberaler Grundhaltung und postmateriellen Wurzeln
Milieu der Performer	7 %	Die multioptionale, effizienzorientierte Leistungselite
Adaptiv-Pragmatisches Milieu	9 %	Die moderne junge Mitte der Gesellschaft mit ausgeprägtem Lebenspragmatismus und Nutzenkalkül

TRADITIONELLE MILIEUS

Konservativ-Etabliertes Milieu	10 %	Das klassische Establishment
Traditionelles Milieu	15 %	Die Sicherheit und Ordnung liebende Kriegs-/Nachkriegsgeneration

MAINSTREAM-MILIEUS

Bürgerliche Mitte	14 %	Der leistungs- und anpassungsbereite Mainstream
Prekäres Milieu	9 %	Die um Orientierung und Teilhabe bemühte Unterschicht

UNKONVENTIONELLE, JUNGE MILIEUS

Expeditives Milieu	6 %	Die ambitionierte, kreative Avantgarde
Hedonistisches Milieu	15 %	Die spaß- und erlebnisorientierte moderne Unterschicht/untere Mittelschicht

© Sinus 2010; wegen Rundung der Prozentzahlen keine 100 %
Quelle: www.sinus-institut.de/uploads/pics/Die_Sinus-Milieus_in_Deutschland_2010

Verlage müssen also auf andere, erprobte Methoden zurückgreifen, um ihre Zielgruppen zu bestimmen und etwas über sie zu erfahren. Viele nutzen dafür – wie andere Konsumgüteranbieter auch – einstellungsbasierte Modelle führender Marktforschungsinstitute wie TNS Infratest (Semiometrie-Modell), GIM Gesellschaft für Innovative Marktforschung (Zielgruppen-Galaxie) oder Sinus Sociovision (**Sinus Milieus**®). Besonders verbreitet ist der Ansatz des Sinus-Instituts.

Das Sinus-Modell 2010 unterscheidet zehn Milieuwelten. Die Zuordnung zu diesen Milieus erfolgt mittels **psychografischer Merkmale** und berücksichtigt neben demografischen Verschiebungen (Folge: Wegfall des Milieus der DDR-Nostalgiker) auch den Wertewandel und neue Entwicklungen wie die Digitalisierung der Gesellschaft. Soziologen halten eine solche Beschreibung der sozialen Wirklichkeit nach den Lebensauffassungen und Lebensstilen ihrer Mitglieder für zutreffender als Segmentierungen nach rein geografischen, soziodemografischen oder verhaltensbezogenen Kriterien wie Wohnort, Schulbildung oder Mediennutzung.

Erst wenn ein Verlag seine Zielgruppen so segmentiert hat, dass sie möglichst gleichartige Reaktionen auf die eingesetzten Marketingmaßnahmen zeigen, ist erfolgreiches Marketing durch einen differenzierten Einsatz der Marketinginstrumente möglich (s. Kap. 1.3).

Eine neue Möglichkeit, etwas über seine Zielgruppen zu erfahren, bietet das **Social Media Monitoring** oder – allgemeiner – das **Web Monitoring**. Dabei lokalisieren Unternehmen zunächst, wo sich ihre Kunden im Web aufhalten, um dann zu registrieren und auszuwerten, welche Themen diskutiert werden, wie ihr Unternehmen wahrgenommen wird und wer das Meinungsbild bestimmt. Angesichts der enormen Menge der Inhalte im Internet (in Blogs, Foren, sozialen Netzwerken, Twitter, Online Communities und auf Videoportalen) sind viele Unternehmen für das Web Monitoring auf Dienstleister angewiesen. Diese entwickeln spezielle Instrumente (research software), um mit einem effizienten Monitoring ein funktionierendes Frühwarnsystem zu schaffen, das die Auftraggeber in die Lage versetzt, rechtzeitig auf Meinungswandel, Unzufriedenheit und neue Trends zu reagieren. So kann möglicherweise auch ein bei allen Unternehmen gefürchteter, weil imageschädigender **Shitstorm** verhindert werden.

In den letzten Jahren sind auch immer mehr Verlage dazu übergegangen, ihren Zielgruppen Gesichter zu geben, also konkrete Charaktere (so genannte **Personae**) zu entwerfen, die dem typischen Käufer entspre-

> Als ›Shitstorm‹ wird ein Sturm der Entrüstung im Internet bezeichnet, bei dem sich berechtigte Kritik und unsachliche Beschimpfungen zu einem untrennbaren Mix vermengen.

> **TOPP**
>
> **Bürgerliche Mitte: Claudia**
>
> **Kurzbiografie**
> 42 Jahre
> 2 Kinder (17 und 15 Jahre)
> Verheiratet
> Bürokauffrau, im Moment halbtags tätig
>
> **Lebensziele**
> das Haus abbezahlen
> eine glückliche Familie
>
> **Wünsche & Träume**
> den Kindern soll es einmal gut gehen
> tolle Reisen unternehmen
> mehr Zeit für meine Familie und meine Hobbies
> „noch etwas erleben", mehr aus mir machen

chen. Je konkreter die Lebenswelt etwa von Claudia (frechverlag) den Verlagsmitarbeitern vor Augen steht, umso leichter wird es ihnen fallen, die richtigen Produkte für diese Zielgruppe zu entwerfen.

Beispiel einer Persona des bürgerlichen Milieus (Bildausschnitt).
© frechverlag GmbH

1.3 Der Buchmarketing-Mix

Die Planung, Umsetzung und Kontrolle von Marketingaufgaben wird allgemein unter dem Begriff **Marketingmanagement** (auch: Marketingmanagementprozess) zusammengefasst. Mittels einer Situationsanalyse und der daraus abgeleiteten Zielbestimmung wird die Strategie festgelegt, mit der die gesetzten Ziele bzw. Zielgruppen am besten, schnellsten und/oder kostengünstigsten erreicht werden können. Auf der Basis dieser strategischen Marketingplanung (z.B. Fokussierung auf bestimmte Märkte, Positionierung gegenüber Mitbewerbern) erfolgt die Wahl der dafür geeigneten Marketinginstrumente (operative Marketingplanung). Es gibt vielfältige Aspekte, die über den Kauf oder Nichtkauf eines Produkts entscheiden. In der Regel ist dabei ein Mix von Faktoren wirksam. Ebenso verfügt der Verlag über mehrere Marketinginstrumente, mit denen er diese Faktoren beeinflussen kann. Die Kombination aller jeweils benutzten absatzpolitischen Instrumente wird als **Marketing-Mix** bezeichnet. Wichtig ist, in der konkreten Marketingplanung eine Gewichtung der Einflussfaktoren vorzunehmen, denn nicht alle Instrumente sind immer gleich wirksam.

Der Begriff ›Marketing-Mix‹ wurde 1964 von Neil H. Borden, Professor an der Harvard Business School in Cambridge (Mass.), eingeführt (in *The Concept of the Marketing-Mix*). Er verstand den Marketingmanager als einen »Mixer of Ingredients«, die dieser auf der Basis einer genauen Marktbeobachtung sowie der Erhebung und Bewertung von Marktdaten zu-

DIE 4 P IM MARKETINGMANAGEMENTPROZESS

PRODUCT	Produktpolitik	Welche Eigenschaften hat ein Produkt, wie ist es verpackt, wie wird das Sortiment (Programm) zusammengestellt und markiert?
PRICE	Preispolitik (oder: Kontrahierungspolitik)	Zu welchen Preisen und Konditionen (Rabatte, Boni, Werbekostenzuschüsse, Lieferbedingungen) wird ein Produkt angeboten?
PLACE	Distributionspolitik (oder: Vertriebspolitik)	Über welche Vertriebskanäle und mit welchen Vertriebspartnern sollen die Produkte angeboten werden?
PROMOTION	Kommunikationspolitik	Welche Maßnahmen zur Information über das Produkt sollen genutzt werden (Werbung, PR, Verkaufsförderung, Sponsoring, Events etc.)?
Heute u. a. ergänzt durch:		
PERSONNEL (oder: PEOPLE)	Personalpolitik	Welches sind die Kapazitäts- und Qualifizierungsbedürfnisse für Personal (Quantität, Qualität, Schulungen, Incentive-Programme etc.)?
PHYSICAL FACILITIES	Ausstattungspolitik	Welche technische Ausstattung sollte vorhanden sein (im Verlag/im Handel)?

sammenstellt. Während Borden noch insgesamt zwölf Elemente des Marketing-Mix ausmachte, geht das moderne Marketing allgemein von vier Instrumenten aus, den **4 P** (die allerdings im Dienstleistungssektor häufig um weitere Instrumente wie Personal- und Ausstattungspolitik ergänzt werden).

Wettbewerbsvorteile und damit wirtschaftlicher Erfolg auf dem Buchmarkt können nicht allein durch die Entwicklung marktgerechter Produkte, die Festsetzung konkurrenzfähiger Konditionen und den Aufbau eines leistungsstarken #Multi-Channel-Vertriebs erzielt werden. Erst die effektive Kommunikation des Leistungsangebots in Richtung der Zielgruppen führt zur Erreichung der gesetzten Marketingziele. Daher ist die **Kommunikationspolitik** der entscheidende Schlüssel für erfolgreiches Marketing. Ihr Gegenstand …

> »[…] ist ein kombinierter Einsatz der Kommunikationsinstrumente zur Übermittlung von Informationen und Bedeutungsinhalten, die der Steuerung bzw. Beeinflussung von Meinungen, Einstellungen und Verhaltensweisen der Zielgruppen gemäß spezifischer Zielsetzungen dienen.«
> (Bruhn 2004, 390)

Incentive-Programme (von engl. incentive = Anreiz) sind Motivationsmaßnahmen wie Prämien, attraktive Weiterbildungsangebote und Reisen, die Unternehmen zur Leistungssteigerung ihrer Mitarbeiter einsetzen.

Der Buchmarketing-Mix

Kommunikation kostet Geld – dies gilt vor allem für ihre klassischen Formen Werbung, PR, Verkaufsförderung, sofern diese physisch, also durch Anzeigen in Zeitungen und Zeitschriften, auf Außenflächen, aber auch im Radio oder TV, erfolgen (auf die Besonderheiten von Online-Werbung wird in Kap. 6 näher eingegangen). Die Kosten dafür müssen in einem wirtschaftlichen Verhältnis zum erwartbaren Umsatz stehen. Der Großteil der Titel wird daher nur allgemein beworben – in Verlagsprospekten und Gesamtverzeichnissen. Allein Spitzentitel bekommen einen titelbezogenen Werbeetat, der eine eigene Werbekampagne nach einem eigenen Werbeplan erlaubt.

> Spitzentitel sind Neuerscheinungen mit besonders großen Verkaufschancen. Für sie unternimmt der Verlag außergewöhnliche Marketinganstrengungen, damit aus ihnen Bestseller werden.

Jeder Verlag definiert auf der Basis seiner Jahresplanung (welche Umsätze werden durch welche Titel generiert) ein Werbebudget und erstellt daraufhin einen Werbeplan. (Eigentlich müsste hier von ›Marketingplan‹ gesprochen werden, doch im Verlagsalltag dominiert weiterhin der eingeführte Begriff ›Werbeplan‹.) Der größte Anteil entfällt in der Regel auf die Novitätenwerbung; für die #Backlist bleibt meist wenig übrig – in der Annahme, dass erfolgreiche Backlist-Titel nur noch geringe werbliche Unterstützung benötigen (sich gewissermaßen ›von selbst‹ verkaufen) bzw. jeder Euro für ältere Titel, die sich nicht durchgesetzt haben, ein verlorener Euro

Autorenbezogene Werbung. © Diogenes Verlag

ist. Darüber hinaus gibt es noch themenorientierte Zielgruppenwerbung (z. B. für Eltern, Urlauber, Krimileser etc.), autorenbezogene Werbung (vor allem zu Geburtstagen und Preisverleihungen) sowie Imagewerbung für den Verlag (vorwiegend bei Jubiläen oder Neupositionierungen).

Der Werbeplan beantwortet die **fünf W-Fragen**: Was, wer, wo, wie und wann soll beworben werden? Das ›Was‹ ergibt sich aus dem Programm des Verlags, das ›Wer‹ aus der Zielgruppendefinition (s. Kap. 1.2). Über

DIE 5 W-FRAGEN DER WERBEPLANUNG

WAS? ›Konzentration auf die Spitzentitel‹ lautet die Devise zumindest der Publikumsverlage. Nach einer #ABC-Analyse werden die bestsellerverdächtigen A-Titel besonders beworben, während B- und C-Titel ohne spezielle werbliche Unterstützung auskommen müssen.

WER? Typisch für die Werbung von Publikumsverlagen sind hohe Streuverluste: Wer alle erreichen will, läuft Gefahr, niemanden wirklich anzusprechen. Verlage nutzen daher zunehmend themenorientierte Zielgruppenwerbung, um so die Zielgruppen einzelner Titel oder Programmsegmente genauer fokussieren zu können.

WO? Die Wahl der Werbeträger ist abhängig von der jeweiligen Zielgruppe und deren Mediennutzungsverhalten. Daher kann kostengünstige Online-Werbung nur in bestimmten Fällen die kostenintensive Printwerbung ersetzen, da vor allem ältere Zielgruppen (noch) nicht über das Internet zu erreichen sind.

WIE? #Werbemittel müssen inhaltlich wie gestalterisch auf die Zielgruppe zugeschnitten sein und können dementsprechend von traditionell-seriös bis zu ungewöhnlich-frech reichen. In jedem Fall ist Kreativität die Voraussetzung dafür, im jeweiligen Zielmilieu Aufmerksamkeit zu wecken (und darum geht es).

WANN? Buchwerbung erfolgt zyklisch zum Erscheinen und verstärkt den Erfolg verkaufsstarker Titel. Sinkt die Umsatzkurve, wird zumeist auch die Werbung zurückgefahren. Darüber hinaus gibt es saisonale (Weihnachten, Urlaubsbeginn) und ereignisbezogene (Tag des Buches, Jubiläen) Werbeschwerpunkte.

das ›Wo‹, ›Wie‹ und ›Wann‹ entscheidet dann das zur Verfügung stehende Werbebudget.

Die Beantwortung der 5 W klärt auch eine weitere wichtige Frage: die nach der Strategie gegenüber den Absatzmittlern, also dem verbreitenden Buchhandel. Die Fachliteratur unterscheidet dabei zwischen zwei Wegen, der Push- und der Pull-Strategie. **Push-Marketing** zielt darauf, durch möglichst große Warenpräsenz **im Handel** beim Endkunden immer wieder neue Kaufimpulse zu setzen, und ist damit typisch für Bestseller-Marketing. Gegenüber dem Handel stellt der Verlag den zu erwartenden Verkaufserfolg in den Vordergrund und betont seine geplanten Werbemaßnahmen. Der Grundgedanke ist einfach: Eine hohe Absatzerwartung des Verlags (ausgedrückt in Vorschauankündigungen wie: Startauflage: 50 000 Exemplare) impliziert hohe Absatzchancen für den Handel und führt dadurch zu einem hohen Einverkauf. Je größer die Präsenz im Handel, um so größer der Absatz – so die keineswegs immer aufgehende Rechnung der Margketingstrategen.

Spitzentitelkampagne für das Thriller-Debüt von Ben Berkeley. © Piper Verlag

Die Push-Strategie setzt stark auf das Instrument Preispolitik: Durch besondere Konditionen (Aktionsrabatte, verlängerte Zahlungsziele, hohe Remissionsquoten) soll dem Buchhändler der Einkauf großer Stückzahlen erleichtert werden – die Ware wird in den Handel gedrückt. Das damit verbundene Risiko übernimmt zum Großteil der Verlag. Dies erklärt auch, warum kleine Verlage sich im Geschäft der ›gemachten‹ oder inszenierten Bestseller so schwer tun: Der notwendige Kapitaleinsatz könnte sie im Falle eines – nie ganz auszuschließenden – Misserfolgs die Existenz kosten.

Pull-Marketing zielt dagegen darauf, durch kommunikationspolitische Aktivitäten Nachfrage **beim Endkunden** zu erzeugen. So soll ein Sog entstehen, der die Käufer in die Läden zieht und die Absatzmittler (Händler) zum Einkauf der Produkte zwingt. Gegenüber den Endkunden wird in der Werbung der Lesernutzen des Buchs (Information, Weiterbildung, Unterhaltung etc.) betont und/oder sein Besitz als ›hip‹ und ›trendy‹ dargestellt. Dies funktioniert vor allem bei Folgebänden, bei denen der Verlag auf eine bereits begeisterte Zielgruppe setzen kann, wie das bei *Harry Potter* (Carlsen) oder der *House of Night*-Serie (FJB) der Fall war.

Da solche Erfolgsserien eher selten sind und es den Verlagen daher schwerfällt, einen Nachfragesog zu erzeugen, findet sich in der Praxis meist eine Kombination aus Push- und Pull-Strategie: Die Händler wer-

Erfolgsmeldungen für einen Bestseller. © Bastei Lübbe

den mit preispolitischen Maßnahmen zum Ordern der Bücher animiert, während gleichzeitig durch Werbung Interesse beim Endkunden aufgebaut wird. Wie eine **typische Endkunden-Kampagne** für einen belletristischen A-Titel aussehen kann, verdeutlicht das unten stehende Beispiel.

Bei einer genaueren Betrachtung der Werbeträger lassen sich Rückschlüsse auf die Zielgruppe dieser Herbst-Novität ziehen. Im Fokus sind Leser, die an Nachrichtenmagazinen und klassischer Musik interessiert sind und viel reisen, was auf eine gebildete, ältere, vorwiegend männ-

WERBETRÄGER	FORMAT	TERMIN
Die Zeit	2/5 hoch (2×)	12.9.
FAZ	1/3 hoch	14.9.
Süddeutsche Zeitung	2/7 hoch	14.9.
Welt/WamS-Kombi	2/7 hoch	14./15.9.
Der Spiegel	1/3 4c (2×)	9./16.9.
Stern	1/2 4c	12.9.
DB – Ihr Reiseplan	Titelseite (6 Züge)	Nov./Dez.
Lufthansa Magazin	1/3 hoch	Nov.
Klassik Radio	Buchtipp 1 min. (2×)	KW 37 + 44

Netto(verlags)erlös ist der Betrag, der dem Verlag nach Abzug der Mehrwertsteuer (7 %) und des Buchhandelsrabatts bleibt, um seine Kosten (Honorare, Druck, Vertrieb und Werbung sowie Verlagsgemeinkosten) zu decken.

liche Zielgruppe schließen lässt. Obwohl dieser Werbeplan ›nur‹ 16 Anzeigen vorsieht (plus Radiowerbung), summieren sich die Schaltkosten (ohne Rabatte) auf annähernd 200 000 Euro. Hinzu kommen die Kosten für den Entwurf der Anzeigen, für die vorgelagerte Handelswerbung sowie alle weiteren Marketingaktivitäten, sodass sich das Werbebudget insgesamt auf rund 250 000 Euro beläuft.

Bei einem Werbeetat von 10 % vom Nettoverlagserlös muss der Verlag 2,5 Mio. Euro umsetzen, was (unter Berücksichtigung des Buchhandelsrabatts) bei einem Ladenverkaufspreis um die 20 Euro etwa 250 000 verkauften Hardcover-Exemplaren entspricht oder auch 150 000 Hardcovern plus 200 000 Taschenbüchern für knapp 10 Euro – eine gewaltige Zahl, die deutlich macht, dass größere Werbekampagnen nur bei absoluten Spitzentiteln finanzierbar sind.

Verwendete und weiterführende Literatur

Breyer-Mayländer, Thomas: *Wirtschaftsunternehmen Verlag* (Edition Buchhandel 5). Mit Beiträgen von Klaus-W. Bramann, Ulrich Ernst Huse, Michaela von Koenigsmarck, Hans-Heinrich Ruta und Mario Lange sowie einem Englisch-Deutschen Fachwörterverzeichnis. 4. Aufl. Frankfurt am Main: Bramann 2010
Bruhn, Manfred: *Kommunikationspolitik*. In: Bruhn, Manfred | Homburg, Christian (Hrsg.): Gabler Lexikon Marketing. 2. Auflage. Wiesbaden: Gabler 2004
Drucker, Peter: *The Practice of Management*. 1954. Dt. Erstausgabe u. d. T.: *Die Praxis des Managements*. Düsseldorf: Econ 1956
Heinold, Wolfgang Ehrhardt: *Bücher und Büchermacher* (Edition Buchhandel 17). 6., v. Ulrich Ernst Huse, Klaus W. Bramann u. Hans-Heinrich Ruta neu bearbeitete Aufl. Frankfurt am Main: Bramann 2009
Krüger, Jens-Peter: *Direktmarketing in Verlag und Buchhandel*. Friedrichsdorf: Hardt & Wörner 1995
Lucius, Wulf D. von: *Verlagswirtschaft. Ökonomische, rechtliche und organisatorische Grundlagen*. 2., neubearb. und erw. Aufl. Konstanz: UVK 2007
Winter, Marie-Anne: *Buchmarkt und Buchmarketing in Theorie und Praxis. Ein Handbuch*. Überarbeitete Diplomarbeit Berlin: Technische Universität 1995
Wirtz, Bernd W.: *Medien- und Internetmanagement*. 6., überarb. Aufl. Wiesbaden: Gabler 2009
Wolff, Kurt: *Autoren/Bücher/Abenteuer. Beobachtungen und Erinnerungen eines Verlegers*. Berlin: Wagenbach 1965, unveränderter Nachdruck 2004

2 Der Verlag als Marke

Der Siegeszug des Internets hat auch in der Buchbranche die Diskussion um die Bedeutung von Marken neu entfacht. Lange Zeit galt die hohe Individualität von Büchern als Hindernis für eine strategische Markenführung. Es herrschte Einigkeit darüber, dass Kunden Einzeltitel kaufen, allenfalls der Autor könne Markencharakter erlangen und dann entsprechend beworben werden (Beispiel: »*Der neue Ken Follett*«). Gleiches wurde Reihen zugebilligt, die über eine längere Zeit am Markt vertreten sind (wie z.B. *Die drei ???*). Der Verlag hingegen spiele bei der Kaufentscheidung im stationären Buchhandel keine oder nur eine untergeordnete Rolle. Diese Einschätzung ist mehrfach durch Umfragen belegt worden: Nur wenige Buchkäufer wussten zu sagen, in welchem Verlag das zuletzt von ihnen gelesene Buch erschienen war.

Allerdings gab es einige Verlage, die immer wieder als große Ausnahmen genannt wurden, so z.B. Diogenes, Reclam oder Suhrkamp. Wenn es aber Ausnahmen gibt, dann können Verlage nicht per se markenuntauglich sein, dann muss es Mittel und Wege geben, neben Reihen und Autoren auch Verlagen Markencharakter zu verleihen. Unter welchen Voraussetzungen dies möglich ist und erfolgreich praktiziert wird, ist Thema dieses Kapitels.

2.1 Markenpolitik für Verlage

Marken verdanken ihre Entstehung der räumlichen Trennung zwischen Herstellern und Käufern/Nutzern einer Ware sowie der zunehmenden Komplexität der Märkte. Die Anonymisierung der Anbieter-Kunden-Beziehung führte zu einem Vertrauensverlust: Wer garantierte für die Qualität und einwandfreie Beschaffenheit einer Ware, wenn der Hersteller nicht mehr ›um die Ecke‹ lebte und daher persönlich nicht bekannt war? Teilweise übernahm diese Funktion der Händler vor Ort, der bei Mängeln haftbar gemacht werden konnte. Was aber geschah, wenn der (Buch-)Händler nicht die passende Ware für seine Kunden auszuwählen verstand? Dieses Problem minimiert die Marke mit den ihr eigenen **Leistungsversprechen** (bei Romanen z. B. anspruchsvoll oder unterhaltend, bei Ratgebern verständlich, aktuell und zuverlässig).

Der von Heribert Meffert, dem langjährigen Direktor des Instituts für Marketing an der Universität Münster, formulierte **wirkungsbezogene Markenbegriff** ist nicht nur für Bücher und Autoren geeignet, sondern lässt sich auch auf Verlage selbst übertragen:

> »In der Folge soll eine Marke zweckmäßigerweise als ein in der Psyche des Konsumenten verankertes, unverwechselbares Vorstellungsbild von einem Produkt oder einer Dienstleistung beschrieben werden.« (Meffert 2000, 847)

Die Dienstleistung der Verlage besteht in der Zusammenstellung und Veröffentlichung eines Programms, von dem die Verlagskunden – Händler wie Käufer/Leser – ein »unverwechselbares Vorstellungsbild« haben. Das mit einem Verlagsnamen markierte Produkt (Buch) ...

- ermöglicht die Heraushebung aus der Masse vergleichbarer Angebote **(Individualisierungs-/Unterscheidungsfunktion)**,
- gewährleistet damit die Wiedererkennbarkeit **(Identifizierungsfunktion)** und
- sichert so Wiederholungskäufe, denn das mit dem Absender (Verlag) verbundene Leistungsversprechen gleich bleibender Qualität **(Garantiefunktion)** wird zufriedene Kunden gerade in einem Umfeld schwer überschaubarer Parallelangebote zu der bekannten Marke greifen lassen.

Mit Wiederholungskäufen ist bei Büchern nicht der wiederholte Erwerb desselben Titels (z. B. als Geschenk) gemeint, sondern der Kauf weiterer Titel desselben Autors, derselben Reihe oder aus dem Programm desselben Verlags.

Damit ist auch der Markt angesprochen, auf dem eine Marke agiert und sich gegenüber anderen Marken behaupten muss – denn nur in Ausnahmefällen wird ein einziger Markenanbieter ein Marktsegment bedienen. Der Basler Marketingprofessor Manfred Bruhn hat daher weitere Anforderungen formuliert, die erfüllt sein müssen, um von einer Marke sprechen zu können:

> »Als Marke werden Leistungen bezeichnet, die neben einer unterscheidungsfähigen Markierung durch ein systematisches Absatzkonzept im Markt ein Qualitätsversprechen geben, das eine dauerhaft werthaltige, nutzenstiftende Wirkung erzielt und bei der relevanten Zielgruppe in

der Erfüllung der Kundenerwartungen einen nachhaltigen Erfolg im Markt realisiert bzw. realisieren kann.« (Bruhn/GEM 2002, 18)

Mit einem ›systematischen Absatzkonzept‹ ist nichts anderes gemeint als eine klar definierte Marketingstrategie. Wichtig ist zudem, dass die markierte Leistung das mit ihr verbundene Qualitätsversprechen auch einhält, also auch tatsächlich einen Kundennutzen stiftet. Bei dem der Form nach weitgehend überraschungsfreien Konsumgut Buch stellt erst der Inhalt die unverwechselbare Produktidentität her. Es gehört daher zu den **Erfahrungsgütern,** deren Qualität ein Nutzer erst durch den Konsum (hier: die Lektüre) feststellen kann. Während dieser Nutzwert bei Sachbüchern und Ratgebern noch relativ leicht zu definieren ist (Trägt der Inhalt zur Lösung des Problems bei, das Anlass für den Buchkauf war?), ist dies bei Belletristik schwerer möglich.

Die vom Leser ausgeübte Präferenz für einen Unterhaltungsroman aus dem Verlag X gegenüber dem aus Verlag Y hat (›Schemaliteratur‹ einmal ausgenommen) viel mit subjektivem Empfinden und viel mit dem Vertrauensvorschuss zu tun, den der Leser einem Autor oder dessen Verlag gewährt. Dieses Vertrauen gründet auf Erfahrungen mit der Marke/dem Markenversprechen, das z. B. beim Züricher Diogenes Verlag lange Jahre (mit typisch schweizerischem Understatement) in den Slogan gefasst war:»Diogenes-Bücher sind weniger langweilig.«

Diese meist nur scheinbare Überlegenheit des einen Buchprogramms gegenüber einem anderen wird im Marketing als ›**relevante Differenzierung**‹ bezeichnet. Sie ist abhängig von der Glaubwürdigkeit des Markenversprechens und basiert auf dem Vertrauen, das Kunden in eine Marke entwickelt haben.»Vertrauen verlangt aber Bewährung und Bewährung verlangt wiederum wiederholte Gelegenheiten zur Leistungskritik«, hat Marken-Pionier Hans Domizlaff festgestellt (Domizlaff 1982, 365). Ist dieses Vertrauen aufgebaut, wird sich der Kunde auch bei einmaliger Enttäuschung nicht gleich von ›seiner‹ Marke abwenden.

> Als Schemaliteratur werden Texte mit stark schematisiertem Charakter bezeichnet (im Handlungsaufbau, bei den Figuren, Themen und Wertungen). Der Begriff ersetzt die negativ belegte Bezeichnung ›Trivialliteratur‹.

2.2 Markenführung und Benchmarking

In ihrer Untersuchung über die Relevanz von Marken für die Kaufentscheidung bei stark inhomogenen Produkten, wie Kultur- und Informationsgütern, hat Alexandra Post am Beispiel von Fachverlagen drei wesentliche **Markenfunktionen** herausgearbeitet (vgl. Post 2004):

- die Steigerung der Informationseffizienz in der Vorkaufphase,
- die Risikoreduktion in der Kaufphase,
- die ideelle Nutzenstiftung in der Nachkaufphase.

Daraus lassen sich verschiedene, für die Markenführung wichtige Kriterien und Fragestellungen ableiten:

> Markenführung (auch Markenmanagement, engl.: Brand Management) meint die gezielte Entwicklung und den konsequenten Ausbau einer Marke und ihres Geltungswerts (Brand Equity).

VORKAUF-PHASE	Klare Positionierung	Wofür steht die Marke? Welches Markenversprechen wird kommuniziert?
KAUF-PHASE	Produktqualität	Wirkt die Marke als Qualitätssurrogat? Spricht die Marke die Sinne an, macht sie den Einkauf zum Erlebnis?
	Kongruenz	Decken sich Markenpersönlichkeit und Markenimage?
NACHKAUF-PHASE	Ideelle Nutzenstiftung	Stärkt der Besitz die Kompetenz und das Ansehen des Käufers?
	Kundenzufriedenheit	Hat der Kauf die Erwartungen erfüllt und ein positives Gesamtgefühl hinterlassen?

Die Idee der **Markenpersönlichkeit** basiert darauf, dass Marken wie eigenständige Persönlichkeiten wahrgenommen werden und daher mit Hilfe von menschlichen Persönlichkeitsmerkmalen wie Vertrauen und Sicherheit sowie Temperament und Leidenschaft charakterisiert werden können. Demgegenüber stellt das Markenimage das in der Psyche der Zielgruppen verankerte Vorstellungsbild einer Marke dar. Idealerweise sollten Markenpersönlichkeit und -image übereinstimmen, also kongruent sein. Es geht folglich darum, klare Vorstellungsbilder in den Köpfen der Käufer zu verankern, denn nur so wird aus einem Verlag eine Marke, nur so entsteht aus einer Vielzahl von Angebotsalternativen eine **Markenpräferenz.** Franz-Rudolf Esch, Direktor des Instituts für Marken- und Kommunikationsforschung in Wiesbaden, sieht im **Markenimage** die wesentliche Voraussetzung für den Markenerfolg:

> »Eine Marke muss mit spezifischen Vorstellungen angereichert werden, die kaufrelevant sind und den Verlag von seinen Wettbewerbern unterscheiden. […] Ein Unternehmen muss deshalb zunächst charakteristische Merkmale erarbeiten, die im Zusammenspiel die Identität der Marke formen.« (Esch 2005, 28)

2.3 Beispiele erfolgreicher Verlagsmarken

Aktive Markenführung ist keine Neuentdeckung des späten 20. Jahrhunderts. Ausgehend von einer eindeutigen Markenidentität haben Verleger bereits mehr als hundert Jahre zuvor versucht, ihre Marke im Markt zu positionieren und mittels klar formulierter Markenelemente mit Leben zu erfüllen. Ein besonders markantes Beispiel ist der 1856 gegründete **Sprachenverlag Langenscheidt**.

Gustav Langenscheidt (1832–1895) war keineswegs der Erfinder der Sprachkurse. Trotzdem gelang es ihm, seinen Verlag zum führenden Anbieter in diesem Bereich auszubauen und bald auch zur Nummer eins im Wörterbuch-Segment zu entwickeln. Grundlage dafür war eine klare Markierung seines Angebots (vgl. dazu Ebert 2006, 64–69).

Bereits 1882 meldete Langenscheidt das erste Warenzeichen für seine Produkte an. Sein Sohn Carl (1870–1952) setzte ab 1903 verstärkt auf den Verlegernamen zur Identifikation der Sprachkurse (die zuvor unter der sperrigen Bezeichnung ›Methode Toussaint-Langenscheidt‹ bzw. dem Akronym ›Metoula‹ angeboten wurden) und passte das Verlags-Logo regelmäßig den veränderten Sehgewohnheiten an. Dabei ist eine allmähliche Konzentration auf das Initial-L des Verlegernamens feststellbar. Den entscheidenden Schritt ging aber erst Carls Enkel Karl Ernst Tielebier-Langenscheidt (*1912), der zum 100. Verlagsjubiläum 1956 die bis heute gebräuchliche (wenn auch mehrfach modifizierte) Wort-Bild-Marke schuf: das blaue ›L‹ auf gelbem Grund. Auf volle Buchgröße gezogen wurde es zum unverwechselbaren Markenzeichen der Wörterbücher aus dem Verlagshaus Langenscheidt.

Langenscheidt ist zugleich ein Muster für eine #Benchmark: Seine konsequente Markenführung wurde zum Vergleichs- und Orientierungsmaßstab für andere Mitbewerber. Dem Gelb aus München setzte der Stuttgarter Ernst Klett Verlag 1978 eine eigene Farbe entgegen: das

Langenscheidts Taschenwörterbücher: Die Entwicklung einer Wort-Bild-Marke. © Langenscheidt

Konnotationen: zusätzliche mit einem Wort verbundene Begriffsinhalte; Beispiel: Antlitz (für Gesicht) ist positiv konnotiert, Visage hingegen negativ.

City-Light-Werbung für Pons. Foto: Ulrich Huse

Grün der neuen Wörterbuchmarke PONS. 30 Jahre hatte Klett bereits Wörterbücher veröffentlicht, ohne dem Marktführer nennenswert Konkurrenz machen zu können: Die eigene Marke war anders positioniert (Schulbuch), wenngleich auch ähnlich profiliert (als zuverlässiger Anbieter von Lernhilfen), aber durch die nicht immer angenehmen Erinnerungen an die Schulzeit teils negativ konnotiert. Wörterbücher dagegen bieten Hilfestellung, nicht nur in der Schule, sondern auch in positiv erinnerten Situationen (auf Reisen, im Urlaub u.Ä.). So war es letztlich konsequent, dass Michael Klett (*1938), der 1976 die verlegerische Verantwortung von seinem Vater übernommen hatte, auf eine neue Marke setzte und diese vom Image und Auftritt der ›betagten‹ Schulbuchmarke Klett abgrenzte.

Der Satz »Reich mir mal ein Tempo« kann als Musterbeispiel für einen erfolgreich etablierten Markennamen dienen, der die eigentliche Produktbezeichnung (in diesem Fall ›Papiertaschentuch‹) ersetzt hat. Gibt es so etwas auch im Buchbereich? Haben Verlagsnamen Markencharakter erlangt – und dies nicht nur in einer kleinen, spezifischen Zielgruppe?

Reclam Werbebank vor einer Buchhandlung in Ludwigsburg. Foto: Ulrich Huse

Die Antwort lautet: Ja, es gibt eine solche **Markenwahrnehmung der Buchkäufer,** auch wenn die Zahl der im Bewusstsein der Käufer/Leser verankerten Verlagsmarken überschaubar ist. Das oben angeführte Beispiel Langenscheidt hat es allerdings nicht in die ›Tempo-Kategorie‹ geschafft – möglicherweise wegen des etwas sperrigen Familiennamens. Denn die Erfolgsbeispiele der Buchbranche sind – wie Tempo – Zweisilber: **Brockhaus, Duden, Reclam.** Sie stehen für Lexika, Rechtschreibwörterbücher bzw. handliche, niedrigpreisige Lektürehefte. Auch Suhrkamp (s. Kap. 2.4) und Taschen werden genannt, wenn es um starke Marken der Verlagsbranche geht. Obwohl sie keinen Gattungscharakter erlangt haben, repräsentieren sie doch einen bestimmten Buch- bzw. Verlagstypus: einerseits den Kulturverlag der zweiten Hälfte des 20. Jahrhunderts, andererseits den modernen Kunstbuchverlag, der anspruchsvoll gestaltete Bücher in hohen Auflagen international vermarktet und daher preiswert anbieten kann.

Wenn Namen erfolgreicher Produkte zur Bezeichnung einer ganzen Produktgruppe/-kategorie verwendet werden, spricht man von generischen (Marken)Namen (engl.: generic names).

In allen genannten Fällen entsteht vor dem inneren Auge der Käufer ein klares Vorstellungsbild der jeweiligen Marke und der mit ihr verbundenen Nutzenerwartung. So ist es für Verlage wichtig, sich selbst als Marke im Bewusstsein der Kunden zu verankern. »Gebäude fallen zusammen. Maschinen werden alt. Menschen sterben. Doch was weiterlebt, sind die Marken«, erklärte Michael Perry, Ex-Chef von Unilever, in den 1990er Jahren. Auf die Buchbranche bezogen könnte diese Feststellung auch folgendermaßen abgewandelt werden: Reihen brechen ein, Autoren kommen aus der Mode. Was bleibt, sind die Verlagsmarken.

2.4 Corporate Identity und Corporate Design

Um einen Verlag zur Verlagsmarke entwickeln zu können, ist eine klare, konsistente Kommunikation mit der Umwelt Voraussetzung. Jedes Unternehmen sollte deshalb eine möglichst große Geschlossenheit in seiner Binnen- und Außendarstellung anstreben und verbindliche Muster entwickeln, die allen Unternehmensangehörigen als Richtschnur für ihr Handeln dienen. Diese Richtschnur liefert die Corporate Identity.

> »Corporate Identity übernimmt die Aufgabe, den Interaktionen des Unternehmens ein verbindliches Grundmuster zu liefern, das nicht nur die Konformität mit der Unternehmenszielsetzung absichert, sondern auch wirtschaftlich Vorteile bringt.« (Birkigt u.a. 2002, 42)

VON DER DRUCKERMARKE ZUM VERLAGSSIGNET

FUST/SCHÖFFER
Druckermarke
Zwei Schilde an einem Ast
(geführt ab ca. 1460)

Die Wappenfiguren auf den Schilden sollen die griechischen Zeichen für ›Christus‹ und ›Logos‹ (Gott/Gottes Wort) darstellen.

F.A. BROCKHAUS
Verlagssignet
Geflügelter Greif
(geführt seit 1858)

Der Greif ist das Wappentier der Buchdrucker und verweist darauf, dass F. A. Brockhaus seine Bücher in eigenen Druckereien fertigen ließ.

INSEL VERLAG
Verlagssignet
Schiff unter vollen Segeln
(geführt 1899–1907)

Peter Behrens schuf mit dem Insel-Schiff eines der ersten modernen Verlagssignets.

EICHBORN VERLAG
Verlagssignet
Fliege
(geführt seit 1980)

Vito von Eichborn wählte das absolut untypische ›Wappentier‹ als provokantes Signet für seinen etwas anderen »Verlag mit der Fliege«.

Verlagssignets sind grafische Zeichen, die sich aus den alten Druckermarken entwickelt haben und als eine Art Haus- bzw. Schutzmarke von Verlagen dienen, um die Herkunft der Verlagsprodukte zu markieren.

Ein wichtiges Element der Corporate Identity (CI), also der **Unternehmensidentität,** ist das Corporate Design (CD), also das **Erscheinungsbild des Unternehmens,** verstanden als Summe aller seiner visuellen Informations- und Kommunikationsangebote. Es drückt sich aus in der Gestaltung der Produkte, ihrer Verpackungen sowie sämtlicher Kommunikationsmittel. Ihr Design darf dem Unternehmen nicht von außen übergestülpt werden, sondern muss von innen her – aus der »Unternehmenspersönlichkeit« (Hans Domizlaff) – entwickelt werden. Corporate Design transportiert also die Unternehmensidentität, kreiert sie aber nicht. »Das Corporate Design ist Form, aber kein Inhalt: [...] ist visuelles Konzentrat eines inhaltlichen Konzeptes« (Herbst 2006, 60).

Als »Erfinder« des Corporate Design gilt Peter Behrens (1868–1940), der zwischen 1906 und 1914 für die AEG (Allgemeine Elektrizitäts-Gesellschaft) nicht nur als Architekt tätig war, sondern auch das Design von Haushaltsgeräten, Katalogen, Preislisten, Ausstellungsräumen u.a.m. schuf. Das Multitalent Behrens hatte zuvor für Verlage Einbände entworfen, Illustrationen geschaffen und Schriften gestaltet, die allesamt stark vom Zeitgeist der Jahrhundertwende, dem Jugendstil, geprägt sind. Berühmt wurde sein Signet für die Insel-Bücherei (1899), ein unter vollen Segeln den Wellen trotzendes Schiff.

Nahezu alle Verlage verwenden Elemente des Corporate Design in ihrer Kommunikation. Sie benutzen Wort- (rororo), Buchstaben- (UTB) oder Bildmarken (S. Fischer), setzen auf bestimmte Farben (Langenscheidt und PONS, s. o.), eine Verlagsschrift und eine einheitliche Gestaltung (Diogenes). Doch nur wenigen gelingt es, eine eigene Unternehmensidentität zu entwickeln – und nach außen glaubhaft zu kommunizieren. Als Musterbeispiel dafür kann der Suhrkamp Verlag genannt werden, der unter seinem zweiten Verleger Siegfried Unseld (1924–2002) zu dem deutschen Kulturverlag schlechthin avancierte – auch wenn dieser Ruf in den letzten Jahren stark gelitten hat.

Es war der Literaturwissenschaftler George Steiner, der 1973 in einer Buchbesprechung den bis heute immer wieder zitierten Begriff der **Suhrkamp-Kultur** prägte. Der (inzwischen nach Berlin übergesiedelte) Frankfurter Verlag wurde zum Symbol der intellektuellen, politischen und ästhetischen Debatten der 1960er bis 1990er Jahre, weil er diese mit einem ebenso ambitionierten wie (trotzdem) erfolgreichen belletristischen und Sachbuch-Programm stetig mit Nachschub versorgte. Doch taten dies auch andere Verleger – wie Wolf Jobst Siedler bei Ullstein und Klaus Wagenbach im eigenen Verlag.

Bücherwand mit der edition suhrkamp.
© Suhrkamp Verlag

Das Besondere an Unselds Verlag(sprogramm) war, dass er Suhrkamp eine Unternehmensidentität verlieh und diese – kongenial unterstützt durch den Buchgestalter Willy Fleckhaus (1925–1983) – in ein wirkungsvolles Corporate Design umsetzte. Die unaufdringliche Reihengestaltung der 1951 gegründeten Bibliothek Suhrkamp (BS) ab 1959 und besonders die regenbogenfarbenen Einbände der edition suhrkamp (es) ab 1962 vermittelten überzeugend die Idee des Verlags, Entdeckungen präsentieren zu wollen, dabei unverwechselbar zu sein und sich von allen anderen Taschenbuchreihen abzuheben. Das »Äußere war eine Äußerung des Innern«, schrieb Unseld zutreffend (zit. n. *50 Jahre Suhrkamp*, 45), und so war es wohl vor allem die ›es‹, die zur Entstehung der Suhrkamp-Kultur beigetragen hat.

Sicher ist es kein Zufall, dass Suhrkamp diese hohe Kongruenz zwischen Verlagsidee und Verlagsbild mit einer Taschenbuch-Reihe erreichte (und ab 1971 mit einer weiteren Reihe – suhrkamp taschenbuch – noch fortsetzte). Gerade der Reihencharakter eignet sich durch die regelmäßige Erscheinungsweise hervorragend, den gleichbleibenden Markeninhalt nachhaltig zu kommunizieren. Doch selten deckten sich Markenkern und Markenbild so sehr wie bei Suhrkamp in den 1960er bis 1990er Jahren. Ein Blick auf drei ebenfalls bemerkenswerte Beispiele für Corporate Design soll dies verdeutlichen:

Insel Bücherei Im März 1912 erschienen die ersten zwölf Bände der Insel-Bücherei, in hochwertiger Ausstattung mit aufgeklebtem Titelschild und farbigem Überzugpapier, das jedem Band Individualität verlieh. Anton Kippenberg (1874–1950), Verleger des Insel Verlags, hatte eine klare Vorstellung davon, wie die neue Reihe das literarische Profil seines Unternehmens schärfen sollte; in einer Beilage zum Börsenblatt 1912 kündigte er das Vorhaben wie folgt an:

> »Es soll den Namen Insel-Bücherei führen und freundlich ausgestattete Bändchen umfassen, die jedes 50 Pfennig kosten. […] Sie soll kleinere Werke – Novellen, Gedichtgruppen, Essays […] enthalten, […] die zu Unrecht in Vergessenheit geraten sind oder denen wir eine besondere aktuelle Wirkung zu geben beabsichtigen, und gelegentlich auch illustrierte Bücher.«

Die Insel-Bücherei wurde zum ›Gesicht‹ des Verlags, blieb aber eine Reihe neben anderen, weitaus kurzlebigeren Reihen (wie der Bibliotheca Mundi). Mit dem Verlust der Selbstständigkeit (der westdeutsche Teil des Insel-Verlags ging 1963 an Suhrkamp) entfiel auch die Möglichkeit, weiter das eigene Verlagsprofil zu schärfen. (Der Leipziger Insel-Verlag nahm bis zur Wiedervereinigung 1990 eine Sonderentwicklung.)

Band 1 der Insel-Bücherei (1912)

dtv-Taschenbuch Als 1961 die ersten dtv-Bände erschienen, war dies in doppelter Hinsicht etwas Besonderes: Zum einen kooperierten elf unabhängige Hardcover-Verlage mit dem Ziel, ihre Lizenzen in einem gemeinschaftlich geführten Taschenbuchverlag zu verwerten, zum anderen war das Erscheinungsbild höchst ungewöhnlich:

»Die Titel präsentierten sich in einheitlicher, strenger Typographie, gestaltet von einem einzigen Graphiker, der für das Gesamtkonzept verantwortlich zeichnete. Weiße Bücher – ein Unding in der damaligen bunten Taschenbuchlandschaft.« (Göbel 1991, 5)

Drei Beispiele für die einheitliche Einband-Gestaltung der dtv-Bände durch Celestino Piatti

Der Schweizer Grafiker Celestino Piatti setzte auf einen klassischen Auftritt, der die neuen dtv-Bücher von den konkurrierenden Reihen abhob und der dann 30 Jahre lang zum Erkennungsmerkmal aller Publikationen des Münchner Verlags wurde. Mehr als 6300 Buchumschläge und über 500 Werbeplakate schuf Piatti für dtv; sie machten ihn zu »Europas bekanntestem Gebrauchsgrafiker« (Bruno Weber in der NZZ) und die weiße Taschenbuchreihe unverwechselbar. »Mit faszinierender, anscheinend nie erlahmender Spontaneität präsentierte diese aufsehenerregende Umschlaggrafik laufend Lösungen, worin Form und Bedeutung übereinstimmen«, lobte Weber (2007).

Trotzdem entschied sich die Verlagsleitung, den dtv-Büchern 1992 ein neues Gesicht zu geben – zu groß war die Sorge geworden, der einzelne Band könnte vor lauter Konformität nicht mehr als individuelles Produkt wahrgenommen werden, das Corporate Design also zum ›Corporate Dilemma‹ mutieren.

März Verlag Das dritte Beispiel erinnert an den 1969 von Jörg Schröder gegründeten März Verlag, der rasch zur Heimstatt von Avantgarde- und Pop-Literatur, von pornografischem und linkem Schrifttum avancierte (vgl. Bandel u. a. 2011). Es geht hier nicht um die (umstrittene) inhaltliche Qualität des Programms, das schon in den Anfangsjahren eine Reihe von ›Kultbüchern‹ hervorbrachte – u. a. *Sexfront* von Günter Amendt, *Headcomix* von Robert Crumb (beide 1970) und *Siegfried* von Schröder selbst (gemeinsam mit Ernst Herhaus, 1972) –, sondern um das vorbildliche Corporate Design aller Verlagsprodukte.

Für seinen Verlag entwarf Schröder das gelb-rot-schwarze Erscheinungsbild der März-Cover, das zum optischen Kennzeichen eines provozierenden, Grenzen überschreitenden, anarchischen Verlagsprojekts wurde. Die signalgelben Bände fanden trotz (oder gerade wegen?) gerichtlicher Verfolgung schnell Einzug in die Bücherregale einer ganzen Generation und wurden zum festen Bestandteil der Ikonographie der 68er-Bewegung. In ihrem kollektiven Gedächtnis haben die Bücher mit dem auffällig groß gedruckten Verlagsnamen überlebt, länger jedenfalls als der Verlag selbst: Schon 1973 erfolgte der erste Konkurs, 1980 endete die Zusammenarbeit mit dem Versandhändler Zweitausendeins,

Cover aus dem März-Verlag (1969)

1987 musste »der kulturrevolutionäre Verlag der BRD« (Karl Heinz Bohrer 1972 in der FAZ) endgültig liquidiert werden.

»Erfolgreiche Verlagsmarken schaffen Orientierung und erobern einen festen Platz in den Köpfen der Kunden«, konstatieren die Branchenjournalisten Sandra Schüssel und Holger Heimann in einem Börsen-

MARKENEBENEN IN DER VERLAGSWELT		
MARKENTYPEN	**IN VERLAGEN**	**BEISPIELE**
Einzelmarke	Autoren/Protagonisten (Romanhelden)	Dan Brown, Cecilia Ahern, Susanne Fröhlich/ *Harry Potter …*, *Kluftingers …ter Fall*
Markenfamilie	Programm/Reihe	Die Andere Bibliothek, *Simplify …*, *TKKG*, *Gregs Tagebuch*
Dachmarke	Verlag/Verlagsgruppe	Random House/Ullstein Buchverlage

blatt-Beitrag (29, 2010, 30) über die **Leuchtturm-Funktion von Marken.** Diese Erkenntnis erscheint nach den oben vorgestellten Beispielen ebenso überzeugend wie naheliegend – doch sie war keineswegs immer das Leitbild aller Verleger. Einige setzten auch auf Individualität, doch brauchte es zur Durchsetzung am Markt dann einer anderen ›Klammer‹: z. B. der Exklusivität bibliophiler Ausstattung (wie bei hochpreisigen Faksimile-Ausgaben) oder der Käuferbindung durch Mitgliedschaft (wie bei der Büchergilde Gutenberg).

> Faksimile (lat.: mache [es] ähnlich): möglichst originalgetreue Reproduktion einer Handschrift oder eines (künstlerisch wertvollen) Druckerzeugnisses.

Die größten Erfolge verzeichneten allerdings jene Verleger, die ihrem Unternehmen als Dach(marke) ein klares Profil gaben, den einzelnen Titeln und Programmsegmenten aber jenen Freiraum zugestanden, den unterschiedliche Autoren und Inhalte benötigen, um in ihrer Einzigartigkeit wahrgenommen zu werden. Dies belegt eindrucksvoll ein Blick auf die Gestaltung der Bücher aus dem Diogenes Verlag: Besser lassen sich Vielfalt und Wiedererkennbarkeit, Individualität und #Corporate Branding kaum verbinden.

Buchumschläge als Erkennungszeichen. © Diogenes

Corporate Identity und Corporate Design **39**

Verwendete und weiterführende Literatur

Bandel, Jan-Frederik | Kalender, Barbara | Schröder, Jörg: *Immer radikal, niemals konsequent. Der MÄRZ-Verlag – erweitertes Verlegertum, postmoderne Literatur und Business Art.* Hamburg: Philo Fine Arts 2011

Birkigt, Klaus | Stadler, Marinus | Funck, Hans J.: *Corporate Identity. Grundlagen, Funktionen, Fallbeispiele.* 11. Aufl. München: Redline Wirtschaft 2002

Bruhn, Manfred | G·E·M Gesellschaft zur Erforschung des Markenwesens e.V.: *Was ist eine Marke? Aktualisierung der Markendefinition.* Gräfelfing 2002

Domizlaff, Hans: *Die Gewinnung des öffentlichen Vertrauens. Ein Lehrbuch der Markentechnik.* 1. Aufl. 1939. Neuausgabe Hamburg: Marketing Journal 1982

Ebert, Maria: *150 Jahre Langenscheidt 1856–2006. Eine Verlagsgeschichte.* Berlin und München: Langenscheidt 2006

Esch, Franz-Rudolf: »*Individuelles Gesicht*«. In: Börsenblatt 6, 2005, 28

50 Jahre Suhrkamp. Frankfurt am Main: Suhrkamp 2000

Göbel, Wolfram: *dtv – ein Programm mit vielen Gesichtern.* In: *30 Jahre Deutscher Taschenbuch Verlag 1961–1991.* München: dtv 1991, 5–16

Herbst, Dieter: *Corporate Identity. Aufbau einer einzigartigen Unternehmensidentität. Leitbild und Unternehmenskultur. Image messen, gestalten und überprüfen* (Das professionelle 1x1). 3. Aufl. Berlin: Cornelsen 2006

Meffert, Heribert: *Marketing. Grundlagen marktorientierter Unternehmensführung. Konzepte – Instrumente – Praxisbeispiele.* 9. Aufl. Wiesbaden: Gabler 2000

Post, Alexandra: *Die Marke als Kaufimpulsgeber?* Diplomarbeit Stuttgart: Hochschule der Medien 2004

Schüssel, Sandra | Heimann, Holger: *Marken als Leuchttürme.* In: Börsenblatt 29, 2010, 30f.

Weber, Bruno: *Handwerk und Phantasie. Zum Tod des Grafikers und Künstlers Celestino Piatti.* zit. n. NZZ Online vom 21.12.2007

3 Handelsmarketing

In kaum einem anderen Land der Welt gibt es ein derart engmaschiges Netz von Buchhandlungen, die zwischen 1 000 und mehr als 100 000 Titel am Lager haben, weitere 600 000 Titel über Nacht beschaffen und damit nahezu jeden denkbaren Lektüre- und Informationswunsch befriedigen können. Auch wenn der Anteil des stationären Sortimentsbuchhandels seit Jahren langsam, aber stetig abnimmt, vereint er nach Schätzungen des Börsenvereins noch immer fast 50 % aller buchhändlerischen Umsätze auf sich und ist damit weiterhin der mit Abstand wichtigste Vertriebsweg für Bücher (vgl. BUBIZ 2013).

Angesichts eines rasch wachsenden Internethandels (Umsatzanteil 2012 laut Börsenverein: 16,5 %) und der vereinfachten Möglichkeiten, Endkunden im Direktgeschäft zu bedienen (Umsatzanteil: 19,4 %), stehen die Verlage aber vor der Frage, ob sie sich bei ihren Marketingaktivitäten weiterhin auf einen abnehmenden Vertriebsweg – den stationären Buchhandel – konzentrieren können oder ob sie nicht verstärkt auch die anderen, wachsenden Distributionskanäle in ihr Marketing einbeziehen müssen.

In diesem Kapitel geht es deshalb zunächst um die Formen des traditionellen Buchhandelsmarketings, die heute noch den Verlagsalltag bestimmen. Dabei werden auch Ansätze zu neuen Ansprache- und Kontaktformen vorgestellt. Allerdings dreht sich die Diskussion in den Marketingabteilungen vieler Verlage inzwischen häufig nicht mehr darum, ›wie‹, sondern ›ob‹ der stationäre Buchhandel überhaupt noch im Fokus der Verlagsmarketings stehen soll.

Erwähnt werden muss außerdem, dass auch der Zwischenbuchhandel Handelsmarketing gegenüber dem Einzelhandel betreibt. Seine Maßnahmen werden hier aber nicht weiter betrachtet, da es ihm nur in zweiter Linie um Marketing für das Buch, vorrangig aber um Marketing für (s)einen Bezugsweg geht.

3.1 Vertreterkonferenz

Marketing beginnt mit der Auswahl und Konzeption der ›richtigen‹ Produkte – also solcher Waren, die für die Zielgruppe des jeweiligen Unternehmens mit größter Wahrscheinlichkeit in naher Zukunft nützlich und damit erstrebenswert sind. In den Blickpunkt einer größeren Verlagsöffentlichkeit treten diese Produkte erstmals auf der Vertreterkonferenz: Hier werden die neuen Bücher, Kalender, CDs und sonstigen Angebote von Lektorat/Redaktion, Werbung/Marketing und Vertrieb den ›Vertretern‹, also dem Außendienst des Verlags, aber zugleich auch allen anderen involvierten Abteilungen präsentiert. Sie markiert somit den Start der eigentlichen Marketingaktivitäten eines Verlags, ist aber zugleich auch die letzte Instanz, um das geplante Produkt noch einmal zu hinterfragen und gegebenenfalls Änderungen vorzunehmen – am Preis, am Umschlag/Einband, an den Werbemaßnahmen etc. Dies kann sogar zu einer Verschiebung des Erscheinungstermins führen, allerdings sollte dies im Hinblick auf die bereits getätigten Investitionen (u. a. für den Erwerb der Rechte und – bei fremdsprachigen Titeln – die Übersetzung) eine Ausnahme bleiben.

Die Rolle der Verlagsvertreter

Die Verlagsbranche kennt sowohl freie Handelsvertreter, die exklusiv für einen Verlag/eine Verlagsgruppe oder nicht-exklusiv für mehrere Verlage arbeiten, als auch Reisende, also angestellte Verlagsmitarbeiter im Außendienst. Im Folgenden werden sie alle (wie im Verlagsalltag üb-

Vertreterbesuch in der Buchhandlung Ingo Klaus – Die Schatzinsel in Solingen

lich) – unabhängig von ihrem rechtlichen Status – als (Verlags-)Vertreter bezeichnet.

Die Institution der Verlagsvertreter, bereits in den 1920er Jahren etabliert und nach dem Zweiten Weltkrieg eine zentrale Rolle im deutschen Buchhandel spielend, wird seit der Jahrtausendwende zunehmend in Frage gestellt. »Der Vertreter unterrichtet das Sortiment über die kommenden Verlagswerke«, heißt es im einstigen Standardwerk *Die Werbung fürs Buch*. »Er kann das schwerste Geschütz in der Werbung des Verlags, besonders des schöngeistigen, sein« (Ehrenwirth 1950, 79). Heute hingegen ist diese ›Waffe‹ stumpf geworden, gilt manchen als veraltet und verzichtbar.

schöngeistig: Synonym für den heute gebräuchlicheren Begriff ›belletristisch‹.

Diskutiert wird eine Abschaffung, genauer: ein neuerlicher Funktionswandel der Verlagsvertreter. Längst sind sie nicht mehr in erster Linie Verkäufer, die für den Einverkauf der Novitäten und den Nachbezug der Backlist-Titel durch die Sortimentsbuchhändler sorgen sollen, sondern Übersetzer und Promoter der Marketingaktivitäten des Verlags, also vor allem Buchhandelsberater. Nur bei bestsellerverdächtigen Neuerscheinungen wird die Einkaufsmenge noch von der Argumentationskraft des Vertreters abhängen; bei Standard-Novitäten und Nachbestellungen verlassen sich die meisten Sortimenter lieber auf ihr Warenwirtschaftssystem (WWS).

Mit diesem ersten **Funktionswandel** der Verlagsvertreter vom Einverkäufer zum Berater ging auch eine Veränderung der Reisegewohnheiten einher: An die Stelle von zwei Reisen (zu Jahresbeginn und im Sommer) trat ein ständiger Handlungsbedarf, da auch gebundene Bücher inzwischen wie Taschenbücher übers ganze Jahr verteilt erscheinen und damit praktisch zu jedem Zeitpunkt irgendeine Marketingaktion vorbereitet und unterstützt werden muss. Mehrfachbesuche bei den A- und B1-Kunden sind daher die Regel.

Die A-B-C-Klassifikation von Kunden (aber auch Produkten, Produktgruppen, Programmen, Märkten oder Marktsegmenten) erfolgt nach ihrem relativen Beitrag zum Gesamtabsatz (oder auch -umsatz, -gewinn oder #Deckungsbeitrag). A-Kunden (auch Schlüsselkunden oder Key Accounts genannt) werden inzwischen meist von Key Account Managern gesondert betreut.

Key Accounts: ›Schlüsselkunden‹ für den wirtschaftlichen Erfolg eines Unternehmens; sie werden deshalb von den besten Vertretern, Key Account Manager genannt, betreut.

Trotz dieser Veränderungen haben viele Verlage am traditionellen Instrument der Vertreterkonferenz festgehalten: Zweimal jährlich, meist in den Wochen nach Ostern bzw. nach der Frankfurter Buchmesse, tagt der Außendienst mit den zuständigen Verlagsabteilungen in den Verlagsräumen; opulente Vertretertagungen an exklusiven Orten wie noblen Schlosshotels sind heute die Ausnahme.

Sinn und Zweck der Vertreterkonferenzen

Vertreterkonferenzen dienen in erster Linie dazu ...
- den Vertretern das neue Verlagsprogramm (Novitäten) vorzustellen,
- die geplanten Marketingaktionen zu besprechen und so
- Verkaufsargumente für das Gespräch mit den Buchhändlern zu liefern.

Präsentiert werden die neue Verlagsvorschau (meist in einer druckreifen, aber noch korrigierbaren Fassung) sowie möglichst sämtliche Buchumschläge, Verkaufshilfen und Werbemittel (zumindest als Entwürfe). Eine zur Konferenz erarbeitete Tischvorlage enthält die **Vertretertexte**, die neben den Fakten für Buchhandel und Presse auch Hintergrundinformationen wie Vergleiche mit Konkurrenztiteln liefern sollten. Darüber hinaus bieten Vertreterkonferenzen die Möglichkeit, ...
- Marktentwicklungen zu diskutieren,
- strategische Antworten des Verlags zu formulieren und
- die Wirksamkeit zuvor getroffener Entscheidungen zu überprüfen.

Auch wenn es für Repräsentanten kleinerer und mittlerer Verlage immer schwerer wird, überhaupt Termine bei den großen Buchhändlern/Filialisten zu bekommen, ist das System der Verlagsvertreter noch intakt. Allerdings gibt es Stimmen, die es als überholt und unwirtschaftlich bezeichnen. Zu den prominentesten Kritikern gehört Tom Kirsch, Marketing-Geschäftsführer bei Thalia und zuvor in gleicher Funktion bei der 2007 von Thalia übernommenen Dresdner Filialkette Buch & Kunst tätig. Als einer der ersten erklärte Kirsch (2003, 33) offen: »Den Vertreter, wie wir ihn kannten, brauchen wir sicher nicht mehr, wir können ihn nicht mehr bezahlen. [...] Anstelle von Vertreterbesuchen wünschen wir uns ein stärkeres Marketing für Endkunden.«

Eine solche Aussage provozierte, denn natürlich erhalten Verlagsvertreter ihr Geld vom Verlag – als festes Gehalt und/oder als Provision auf die von ihnen initiierten Umsätze. Sie ist aber Ausdruck einer veränderten (oder zumindest als verändert wahrgenommenen) Interessenlage bei herstellendem und verbreitendem (Filial-)Buchhandel: Während

Letzterer zunehmend zentral einkauft und zu seinen Einkaufsleitertagungen nur noch ausgewählte Verlagsvertreter einlädt, sehen viele Verlage in Vertretern weiterhin ein wichtiges Marketinginstrument. Ihre Hauptargumente für den Vertretereinsatz sind:
- der Handel erhält kompetente Information aus erster Hand
- als kostenlosen Service der Verlage,
- erhöht damit die Beratungskompetenz seiner Mitarbeiter und
- stärkt so seine Konkurrenzfähigkeit gegenüber Mitbewerbern.

Zentraleinkauf: Konzentration des Wareneinkaufs in der Zentrale von Buchhandelsketten; das Verkaufsgespräch beschränkt sich auf den Besuch der zentralen Einkaufsleitertagung der Filialisten durch den Key Account Manager des Verlags.

Vertreterbörse der Bahnhofsbuchhändler in Ulm. Foto: Maria Ebert

Um vor allem den Kontakt zu kleineren Buchhandlungen zu halten, bei denen sich ein Besuch aufgrund der geringen Umsätze betriebswirtschaftlich nicht rechnen würde, organisieren Vertreter mit Unterstützung des Börsenvereins oder in Eigenregie in einigen Regionen **Vertreterbörsen**. Diese sind ein interessantes Rationalisierungsinstrument: Eine größere Anzahl von Vertretern verschiedenster Verlage lädt die Buchhändler einer Region an einen neutralen Ort ein, an dem in kurzer Zeit zahlreiche Ver- bzw. Einkaufsgespräche geführt werden können. Beide Seiten sparen so Zeit und Geld, ohne auf den persönlichen Kontakt verzichten zu müssen.

»Wenn es den Außendienst nicht schon gäbe, müßte er sofort erfunden werden. Ein kluger Kaufmann überlässt den Markt gerade nicht dem Computer, sondern entwickelt ihn – mit Hilfe der Vertreter – selbst und läßt ihn dann allenfalls von seiner EDV kontrollieren.« (Harksen 1994, 104)

Diese Zeilen schrieb Verlagsvertreter Hans-Gustav Harksen vor 20 Jahren. Die Wirklichkeit sieht inzwischen anders aus.

3.2 Verlagsvorschau

<small>AG PRO: 2007 vom Börsenverein gegründete Arbeitsgruppe (Prozesse, Rationalisierung, Organisation) zur Klärung spartenübergreifender Fragestellungen im Buchhandel.</small>

Mit der Präsentation der Novitäten und der sie begleitenden Marketingmaßnahmen auf der Vertreterkonferenz ist der verlagsinterne Prozess der Programmplanung und -vorbereitung abgeschlossen. Danach tritt der Verlag an die Öffentlichkeit und präsentiert sein neues Programm zunächst dem Handel und den Medien. Dies geschieht mittels der Verlags- oder Programmvorschau, die kurz nach den beiden Vertreterkonferenzen produziert und anschließend verschickt wird. Laut einer Umfrage der vom Börsenverein initiierten AG PRO ist die Vorschau weiterhin das am häufigsten genutzte Informationsmedium der Buchhändler – vor Branchenzeitschriften und Vertreterbesuchen (vgl. csch 2008, 8).

Zielgruppen und Auflage

Buchhandel und Presse sind zwar die wichtigsten, aber keineswegs die einzigen Zielgruppen der Vorschau. Mit dieser Publikation wendet sich der Verlag darüber hinaus an weitere Adressaten:

HAUPTZIELGRUPPEN	Buchhändler, Journalisten
ZUSATZZIELGRUPPEN	Lizenznehmer/-geber (Literaturagenturen), Bibliotheken/Büchereien, Verlagsautoren

<small>B2B/B2C (von engl.: Business to Business bzw. Business to Consumer). B2B meint die Kommunikation von Unternehmen zu Unternehmen, also z. B. vom Verlag zum Buchhändler, während B2C die Kommunikation eines Unternehmens mit seinen Endkunden beschreibt.</small>

Ein weiterer Empfängerkreis sind in vielen Verlagen Endkunden, an die Restbestände der Vorschau verschickt werden. Bei der Konzeption spielt dieser Kreis als Zielgruppe aber ebenso wenig eine Rolle wie die Verlagsautoren. Auch diese werden per Vorschau über die Aktivitäten ›ihres‹ Verlags informiert und sehen so, in welchem Umfeld ihre eigenen Bücher erscheinen und was der Verlag werblich für sie unternimmt.

Als typische **B2B-Publikation** ist die Verlagsvorschau in erster Linie also eine Verkaufshilfe, die sich vorrangig an Branchenkenner wendet. Ein Zielkonflikt entsteht durch den parallelen Einsatz als Informationsmittel gegenüber den Medien: Was für Buchhändler wichtig ist, interessiert Journalisten nur bedingt. Für diesen Konflikt haben die Verlage noch keine überzeugende Lösung gefunden, da ihnen zwei getrennte Publikationen als zu teuer erscheinen. Die von einigen Verlagen produzierten Vorab-Informationen für Journalisten sind als Ergänzung, nicht als Ersatz der Vorschau gedacht.

Nicht unerwähnt bleiben soll, dass die Vorschau in größeren Verlagshäusern auch der Information der eigenen Mitarbeiter dient, denn keineswegs alle sind an der Programmentwicklung beteiligt oder können an der Vertreterkonferenz teilnehmen.

Angesichts so verschiedener Zielgruppen schwanken auch die Auflagen der Vorschauen von Verlag zu Verlag. Als sorgfältig aufbereitetes Werbemittel bietet sich eine weite Verbreitung an; dagegen sprechen die relativ hohen Kosten der oft aufwändig produzierten Hochglanzbroschüren. Die Mindestauflage ergibt sich aus der Zahl der Buchhandelskunden des Verlags sowie der für ihn wichtigen Pressevertreter, die unbedingt beliefert werden müssen. Bei größeren Verlagen mit einem breit gefächerten Programm und dem Anspruch, alle oben genannten Zielgruppen zu versorgen, kommen durchaus Auflagen von mehr als 10 000 Exemplaren zusammen. Eine kostengünstige Lösung könnte hier die elektronische Verlagsvorschau bieten; mehr dazu auf S. 55f.

Inhalt und Aufbau

Eine Verlagsvorschau stellt die Neuerscheinungen (Bücher und andere Medien) eines Verlags vor, die im nächsten Halbjahr in den Handel kommen sollen. Oft wird auch eine Auswahl aus der Backlist präsentiert, also der älteren, noch lieferbaren Titel – wobei dieser ›Service‹ von einem Großteil der Buchhändler abgelehnt wird (da er vom vermeintlich Wesentlichen, den Neuerscheinungen, ablenkt). Von der Marketingabteilung konzipiert, stammen die Vorschautexte aus dem Lektorat, in Ausnahmefällen auch von Übersetzern, Agenten oder den Autoren selbst. Sie basieren auf Texten, die für die Vertreterkonferenz oder bereits für vorausgehende Programm-/Verlagskonferenzen verfasst wurden – und darin liegt nicht selten ein Problem, denn die Vorschau richtet sich an andere Zielgruppen.

Vorschautexte sind die ersten, nicht (vorrangig) für interne Zwecke bestimmten Verlautbarungen über die neuen Produkte des Verlags. Sie sollten daher den Interessen ihrer Zielgruppen angepasst werden: Neben der Information stehen die Werbung und das Verkaufen in ihrer Funktionsbeschreibung ganz oben. Wie andere Werbetexte unterliegen daher auch Vorschautexte dem bekannten **AIDA-Prinzip;** sie sollen …

- Aufmerksamkeit erzielen,
- Interesse an Autor, Buch und Werbeaktionen wecken,

- den Wunsch zum Ordern des Titels/von Rezensions-Exemplaren entstehen lassen und
- eine Aktion (Bestellung/Anforderung) auslösen.

AIDA-PRINZIP (AKRONYM AUS ATTENTION, INTEREST, DESIRE, ACTION)

GESCHICHTE	1898 von dem US-Amerikaner Elmo Lewis formuliertes Werbewirkungsmodell. Später um die Elemente Confidence (Kundenvertrauen) und Satisfaction (Kundenzufriedenheit) erweitert (AIDCAS).
INHALT	Das Modell beschreibt vier Phasen, die ein Kunde durchläuft, bevor er zu einer Kaufentscheidung gelangt. Es folgt dabei dem klassischen Reiz-Reaktions-Schema.
NUTZEN/ KRITIK	Auch wenn das AIDA-Prinzip heute wegen seines monokausalen Ansatzes als unzureichendes Erklärungsmodell gilt, können einzelne Werbemaßnahmen mit seiner Hilfe durchaus effektiv überprüft und optimiert werden.

Darüber hinaus wollen Verlage den Zielgruppen ihrer Vorschauen auch ein Bild des Unternehmens vermitteln, das hinter den Produkten steht, also Imagebildung betreiben, das Profil des Verlags deutlich machen und insgesamt eine positive Grundhaltung bei Adressaten erzeugen, um auch so – mittels ›weicher‹ Faktoren wie Sympathie, Vertrauen, Modernität etc. – die gewünschte Wirkung zu erzielen.

Trotz teils erheblicher Unterschiede in der Gestaltung und Präsentation, die vom Schwerpunkt der jeweiligen Verlagsprogramme abhängen, sollten Vorschautexte stets bestimmte Angaben enthalten, die für die Basisinformation aller Nutzer notwendig sind.

Notwendige Elemente einer Buchpräsentation in der Verlagsvorschau:
- Aussagestarke Headline
- Informativer Kurztext
- Verständliche Inhaltsbeschreibung
- Professionelle Produktabbildung (möglichst dreidimensional)
- Biografische Infos zum Autor mit sympathischem Portraitfoto
- Hinweis auf eventuell vorliegende Vorgängerbücher des Autors mit Titelabbildung (nur üblich bei Büchern aus dem eigenen Verlag)
- Ausführliche Bibliografie (mit Erscheinungstermin, eventuell auch Formatangabe; bei Lizenzausgaben zusätzlich Angabe des Originaltitels/-verlags sowie des Übersetzers)

- Abbildung des EAN-Strichcodes
- Zitat/Empfehlung einer prominenten Person/eines bekannten Presseorgans

Aus Marketingsicht gehören zu einer guten Vorschau weitere werbliche Elemente wie …
- ein auffälliges Werbeelement (wie Button, Banner, Stern etc.) mit der zentralen Werbebotschaft
- Angabe der Zielgruppe(n)
- Auflistung der wichtigsten Verkaufsargumente
- Darstellung der angebotenen Verkaufshilfen/Werbemittel
- Nennung der geplanten verkaufsfördernden Aktivitäten
- Einbindung in das Corporate Design (CD) des Verlags

Je nach Genre kann ein O-Ton (Leseprobe, Auszug aus dem Vorwort/der Einführung) eine sinnvolle Ergänzung sein, benötigt allerdings Platz und ist daher nur bei Schwerpunkttiteln üblich. Immer häufiger bieten Verlage deshalb vertiefende Informationen per **QR-Code** im Internet an. Außerdem ist die Nennung des Verlags (Abdruck des Signets/der Wortmarke) auf jeder Vorschau(doppel)seite sinnvoll, um jederzeit eine problemlose Zuordnung der Ankündigung zum anbietenden Verlag zu gewährleisten (wenn z. B. Seiten daraus kopiert werden). Der Hinweis auf dem abgebildeten Buchumschlag reicht dafür nicht aus.

Vorschauseite mit QR-Code (Ausschnitt). © Aufbau

QR-Codes (QR = quick response): Zweidimensionale Codes, die mit einem Java-fähigen Mobiltelefon mit eingebauter Kamera schnell gescannt und dekodiert werden können. Sie enthalten unterschiedliche Informationen: Webadressen (Link/URL), Telefonnummern, SMS, Info-Texte, Geodaten oder vCards.

Formate und Versand

Verlagsvorschauen erscheinen nahezu ausschließlich im **DIN A4-Format** als geheftete Broschüre. Versuche verschiedener Verlage, durch ein abweichendes Format aufzufallen, wurden meist rasch aufgegeben, da die Hauptzielgruppe – die Buchhändler – aus Praktikabilitätsgründen (Archivierung) ein einheitliches Format bevorzugt. Das unterstützen viele Verlage auch durch das Anbringen von Heftösen, die das Ablegen der Vorschauen in einem Sammelordner erleichtern.

Große Unterschiede gibt es allerdings im **Umfang** sowohl der Vorschauen selbst als auch der einzelnen Titelvorstellung. Während beispielsweise Wissenschaftsverlage vier und mehr Neuerscheinungen auf einer Seite ankündigen und auch Taschenbuchverlage wegen der großen Novitätenzahl zu platzsparender Präsentation gezwungen sind, widmen Publikumsverlage ihren Hardcover-Schwerpunkttiteln bis zu sechs Seiten – und erhalten dadurch ausreichend Raum für eine optimale Darstellung aller oben aufgeführten Elemente sowie den zusätzlichen Abdruck atmosphärisch wirkungsvoller Abbildungen oder eine großzügige Typografie.

Bei den Umfängen verfolgen die Verlage unterschiedliche Strategien: Größere Verlagshäuser segmentieren ihre Programme und drucken für jede Verlagsmarke/jedes #Imprint, teilweise gar für einzelne Programmbereiche (wie Fantasy) separate Verlagsvorschauen – nicht nur, um die Gestaltung optimal an das jeweilige Programmprofil anpassen zu können, sondern auch in der Hoffnung, durch die so signalisierte Vielfalt beim Buchhändler eine größere Orderbereitschaft zu wecken. Außerdem können die verschiedenen Vorschauen in größeren Buchhandlungen so direkt an die Einkäufer der entsprechenden Abteilungen gegeben werden. Andere Verlage gehen den Weg der einen, kompakten, umfassenden Vorschau, die äußerlich den Charakter eines Lifestyle-Magazins annehmen kann oder selbst als Buch daherkommt. Beispiele sind das ›Taschen-Magazin‹ des gleichnamigen Kölner Verlags (das sogar Fremdanzeigen enthält) und – als bibliophil verpackte Variante – die Premium-Ausgabe der Steidl-Verlags-Vorschau mit Festeinband. Dass diese teure Materialschlacht an ihre Grenzen stößt, belegt die Ankündigung der Verlagsgruppe Droemer Knaur, die ihre Programmvorschauen 2013 in Zahl und Umfang um ein Viertel reduzieren und die einzelnen Titel individueller präsentiert.

Wie jedes Werbemittel müssen auch Verlagsvorschauen ihre Adressaten ansprechen, sich von der Konkurrenz abheben, positiv auffallen und Lust wecken, sich mit ihnen zu beschäftigen. Kein Buchhändler wird die Vorschau eines wichtigen Verlags ungelesen wegwerfen, doch kämpfen auch die Großen um Aufmerksamkeit – denn wer zuerst gelesen wird, vermag möglicherweise ein größeres Bestellvolumen auf sich zu ziehen als der Verlag, dessen Vorschau der Buchhändler erst als einhunderteinundzwanzigste in die Hand nimmt. Die Vorfreude auf die neuen Verlagsprogramme ist dann bereits dem Gefühl gewichen, ohnehin schon genügend Novitäten bestellt zu haben. Auch deshalb werden die Vorschauen immer früher verschickt.

Gestaltung

Rainer Moritz konstatiert in Reclams *Sachlexikon des Buches* (2003, 524): »Da die V. (Verlagsvorschau) auch als ›Visitenkarte‹ des Verlags angesehen wird, ist ihre Gestaltung eine zentrale Aufgabe für die Marketing- und Vertriebsabteilung. Der Aufwand, der mit V. betrieben wird, steigt ständig.«

Dennoch fällt es vielen Verlagen schwer, ihren Vorschauen ein unverwechselbares **äußeres Erscheinungsbild** zu geben – die Innengestaltung ist häufig viel eigenständiger, verlagsspezifischer. Die Gründe dafür liegen auf der Hand:
- Buchkörper ähneln einander stark, sind daher wenig abwechslungsreich zu präsentieren; als Folge davon finden sich auf den Titelseiten (Umschlagseite 1/U1) der Verlagsvorschauen nur selten Bücher abgebildet.
- Ein einzelnes Buch abzubilden (wie bei Werbeanzeigen in ein passendes Ambiente gestellt) würde zweifelsohne viel Aufmerksamkeit auf diesen Schwerpunkttitel lenken – aber das eigentliche Ziel der Vorschau konterkarieren: einen Verlag und dessen Programm zu präsentieren. Die Vorschau würde optisch zum Werbeprospekt eines einzigen Titels, hinter den alle anderen Novitäten zurücktreten. Gleiches gilt für Portraitfotos von Autoren.
- Ein häufig gewählter Ausweg aus diesem Dilemma ist die

Selten: Vorschau mit Buchabbildung.
© Langenscheidt

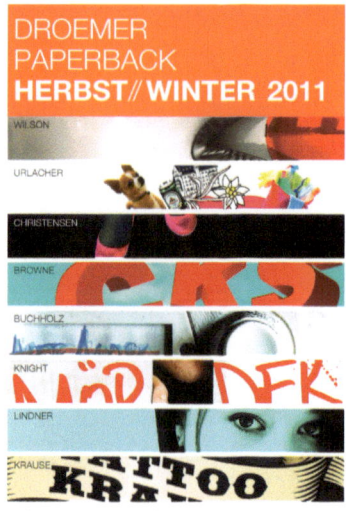

Häufig: Spitzentitel-Motiv. © S. Fischer   Informativ: Inhaltsübersicht. © DroemerKnaur

Verwendung eines Bildmotivs (oder eines Details) vom Umschlag einer der in der Vorschau vorgestellten Neuerscheinungen. So wird das aktuelle Programm nicht auf einen Titel reduziert, zugleich aber doch ein optisches Signal gesetzt, welcher Titel dem Verlag besonders wichtig ist. In der Praxis finden sich allerdings auch Beispiele, bei denen Verlage Titelmotive von B- oder C-Titeln auswählen, die in der Vorschau weit hinten und eher knapp vorgestellt werden. Die Werbewirkung einer solchen, rein ästhetisch motivierten Entscheidung ist als eher gering anzusehen.

- Um sich nicht auf einen Titel festzulegen oder weil sich aufgrund der Umschlaggestaltung kein Bildmotiv für die U1 der Vorschau anbietet, weichen einige Verlage auf ein allgemeines Motiv aus, das atmosphärisch zum Programm / zum sonstigen Auftritt des Verlags passt – also das Selbstbild des Verlags widerspiegelt.
- Nur in seltenen Fällen nutzen Verlage rein typografische Lösungen, da diese als zu unauffällig gelten. Eine Mischung von Bild und Text (z. B. Inhaltsverzeichnis) stellt ebenfalls eine Ausnahme dar.

Da die für die Umschlaggestaltung von Büchern verwendete Bildsprache meist aktuellen Trends folgt, besteht die Gefahr der Austauschbarkeit – und diese wird durch den oben beschriebenen Hang zur Nutzung von Umschlagbildern für die Verlagsvorschauen auf diese übertragen. Nur

Gelungen: Stimmungsbild. © Ecowin

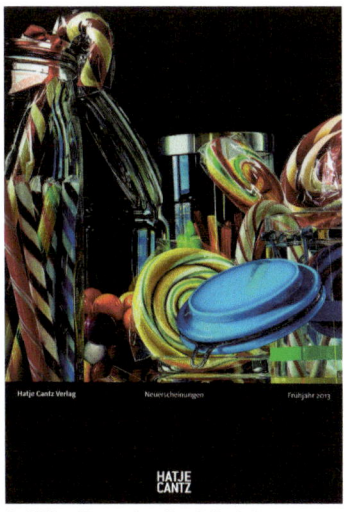

Auffällig: CI-gerechte U1. © HatjeCantz

wenigen Verlagen ist es gelungen, einen eigenen, unverkennbaren Auftritt zu entwickeln und diesen über längere Zeit beizubehalten. Als positive Beispiele können z. B. Diogenes oder der Kunstbuchverlag Hatje-Cantz genannt werden.

Bei vielen Vorschauen entfällt die hintere Umschlagseite (U4) als Werbefläche für Verlagsprodukte, da hier die Kontaktdaten der Auslieferungen, des Außendienstes und der Ansprechpartner im Verlag aufgelistet werden. Manche Verlage haben sich allerdings von dieser Tradition verabschiedet und drucken diese Serviceangaben auf die innere hintere Umschlagseite (U3) – in der durchaus berechtigten Annahme, dass 99 % der Buchhändler ihre Kundenbetreuer in Verlag und Auslieferung kennen und deren Kontaktdaten bereits gespeichert haben.

Nutzen und Wirkung

Gemeinsam mit dem Meinungsforschungsinstitut Innofact AG hat das Branchenmagazin BuchMarkt 2002 eine Umfrage zum Thema Verlagsvorschau durchgeführt. Obwohl diese Studie schon einige Jahre alt ist, sollen die wichtigsten Ergebnisse kurz referiert werden, denn sie zeigen deutlich immer noch vorhandene Schwächen dieses Informationsmediums auf:

- Pro Saison (Halbjahr) erhält eine Buchhandlung etwa 225 Verlagsvorschauen,
- fast 40% werden ungelesen weggeworfen,
- 27% werden als misslungen (›sehr schlecht‹ bzw. ›eher schlecht‹) bezeichnet.

Als Grund für das Wegwerfen wird vor allem fehlende Kongruenz mit dem Sortiment der jeweiligen Buchhandlung genannt – also die Aussendung von Vorschauen an Buchhandlungen, die das angebotene Programmsegment gar nicht führen. Aber auch die Fremdheit des Absenders (neuer/unbekannter Verlag) kann zu einer Nichtbeschäftigung mit dem Programm führen. Da etwas, das aus anderen als qualitativen Gründen gar nicht erst angeschaut wird, kaum als »sehr schlecht« bzw. »eher schlecht« beurteilt werden kann (denn ein solches Urteil setzt ja eine vorausgehende Beschäftigung mit dem Produkt voraus), lässt sich schlussfolgern, dass nur 33% der verschickten Vorschauen auch erreichen, was der Verlag mit ihnen beabsichtigt: eine intensive Beschäftigung mit dem Programm und – sofern ein Vertreterbesuch erfolgt – eine qualifizierte Vorbereitung darauf.

Was den inhaltlichen **Anspruch der Buchhändler** an eine gelungene Verlagsvorschau betrifft, so fasst die zitierte Studie diesen wie folgt zusammen:

> »Der Wert der Verlagsvorschauen für Buchhändler/innen ist sehr hoch – die Umsetzung ist häufig jedoch nicht gelungen. Buchhändler/innen wollen weniger ›Verpackung‹ (im Sinne von Gestaltungsaufwand und Umfang) und mehr zielgerichteten Inhalt (Information, Übersichtlichkeit, Glaubwürdigkeit).« (Innofact 2002)

Hier wird die unterschiedliche Interessenlage deutlich: Während die Adressaten die Verlagsvorschau als Arbeitsmittel verstehen, das nützlich, unkompliziert und funktional sein soll, ist dasselbe Produkt aus Sicht des Absenders ein Werbemittel, das vor allem verkaufen soll.

Eine in diesem Sinne erfolgreiche Verlagsvorschau wird aber beide Ansprüche erfüllen müssen: als optimal aufbereitete Arbeits- und Bestellhilfe der Buchhändler dienen und so Umsatz generieren und zugleich dieser wie allen anderen Zielgruppen eine Idee vom Verlag vermitteln und diesem ein Gesicht geben – also Imagebildung betreiben. Das Fazit von Sabine Luft in ihrer Arbeit über Aufbau, Funktion und Entwicklung der Verlagsvorschau lautet daher:

»Ziel des Werbemittels Vorschau muss es sein, den Sortimentsbuchhandel von der Qualität der Neuerscheinungen, wie auch vom Verlag an sich, zu überzeugen.« (Luft 2004, 89f.).

Unter diesem (Marketing-)Gesichtspunkt betrachtet, erscheint der hohe Aufwand, den viele Verlage für ihre Vorschauen betreiben, vollauf gerechtfertigt.

Elektronisch oder gedruckt?

»Die Stunde der Verlagsvorschau im Word Wide Web hat zwar noch nicht geschlagen, aber ein sinnvolles Doppelspiel zwischen Print und Online könnte beide Medienprodukte aufwerten, den Adressaten Zusatznutzen bieten und die Beratungskompetenz des Buchhändlers stärken«, konstatiert Branchenkenner Ernst Grabovszki (2009, 51). Dieses ›Doppelspiel‹ ist heute für viele Verlage bereits Standard, denn Buchhändler wollen sich nur ungern von der gedruckten Vorschau trennen. Deshalb werden weiterhin gedruckte Kataloge verschickt – gleichzeitig stellen viele Verlage ihre Vorschauen auf ihrer Website zum

Digitale Verlagsvorschau als interaktives Livebook. © Aufbau

Download bereit; einige nutzen zusätzlich das (kostenpflichtige) Angebot des Vorschau-Service auf boersenblatt.net, um auch dort mit ihren Vorschauen präsent zu sein.

Digitale Vorschauen haben gegenüber den Printausgaben den Vorteil, weder gedruckt noch verschickt werden zu müssen (Kostenersparnis für die Verlage), sie stehen allen Mitarbeitern einer Buchhandlung jederzeit zur Verfügung und müssen weder abgelegt noch später entsorgt werden (Zeit- und Kostenersparnis für die Buchhändler). Was ihnen fehlt, ist die haptische Dimension – solange das Sortiment überwiegend aus gedruckten und nicht aus elektronischen Medien besteht, entspricht die gedruckte Vorschau dem zu verkaufenden Produkt. Außerdem ist sie nicht auf ein Endgerät angewiesen, um betrachtet werden zu können.

Zumindest das Blättern in der Vorschau imitieren die elektronischen Flashbooks mittels einer Blätterfunktion bereits. Die Livebook-Technik ermöglicht außerdem das Einbinden von Buchtrailern und Hörproben in die Online-Vorschauen sowie Verlinkungen auf spezielle Webseiten zu Autoren und Spitzentiteln. Angesichts dieses Mehrwerts scheint die Zukunft den elektronischen Vorschauen zu gehören.

3.3 Promotion Packages und Leseexemplare

Große und mittelgroße Publikumsverlage verschicken ihre Verlagsvorschauen in einem Promotion Package an ihre A- und B-Kunden. Meist sind es mehr als 1 000 solcher Werbe- oder Informationspakete, mit denen Neugier auf die Novitäten des Verlags geweckt und der bevorstehende Vertreterbesuch vorbereitet werden soll. Neben den Vorschauen enthält ein Promotion Package üblicherweise auch …
- ein Anschreiben des Verlegers/Cheflektors/Marketingleiters
- Lese-Exemplar(e) bzw. Leseproben
- Werbematerialien (Plakate, Folder etc.) zu dem/den Schwerpunkttitel/n
- Gimmicks wie Gummibärchen, Blumensamen etc. als Zugaben.

Mit diesem Werbemittel soll ausgewählten Buchhändlern und Medienvertretern die frühzeitige Beschäftigung mit den Spitzentiteln des Verlags ermöglicht werden – ein teures Marketinginstrument, denn zu den Produktionskosten für die ausgewählten Leseexemplare/-proben, Werbematerialien und Gimmicks kommen noch erhebliche Verpackungs- und Versandkosten hinzu. Die psychologische Wirkung einer solchen ›Werbesendung‹ ist aber nicht gering zu schätzen, sieht sich der Empfänger doch als wichtiger Kunde/Multiplikator vom Verlag wahrgenommen und wertgeschätzt.

Leseexemplare und Leseproben

Als ›Leseexemplare‹ werden im Buchhandel Vorausexemplare von Neuerscheinungen bezeichnet, die der Verlag werblich besonders ›pushen‹ möchte. Der Name ist das Antonym zu ›Verkaufsexemplar‹: Im Gegensatz zu jenem wird es vom Verlag kostenlos verteilt, darf vom Buchhändler also nur zum eigenen Gebrauch verwendet und nicht veräußert werden.

- Lesexemplare waren früher überwiegend vorab produzierte Exemplare mit vorläufigem (flexiblem) Einband, ohne Schutzumschlag und unkorrigiert.
- Heute werden sie meist aus der Verkaufsauflage genommen, aber durch einen Eindruck in der Titelei als ›unverkäufliches Leseexemplar‹ gekennzeichnet; der Eindruck nennt auch das Erscheinungsdatum, verbunden mit einem Sperrvermerk für Rezensionen (s. Kap. 3.4).

Der Versand von Leseexemplaren aus der für den Verkauf bestimmten Auflage bringt deutliche Vorteile mit sich: Der Buchhändler erhält nicht nur einen Eindruck vom Inhalt, sondern auch von der Ausstattungsqualität der Neuerscheinung (Einband, Umschlag, Papier). Die Wahrscheinlichkeit, dass er die Lektüre eines fertigen Hardcovers der einer unfertig erscheinenden Broschur vorzieht, ist groß – und damit auch die Chance, ihn als aktiven Verkäufer dieser Novität zu gewinnen. Da dies die Mehrheit der Publikumsverlage so sieht, konkurriert eine große Zahl von gebundenen Leseexemplaren um die Gunst der Buchhändler, so dass die Marketingabteilungen zusätzliche Signale setzen, um die Aufmerksamkeit auf ihr Produkt zu lenken.

So können Leseexemplare Aufdrucke, Aufkleber oder ›Bauchbinden‹ erhalten, mit einem zweiten Umschlag versehen oder eingepackt werden. Auch die Verwendung eines alternativen oder anonymisierten Umschlags ist möglich. In diesem Fall nimmt der Verlag allerdings in Kauf,

›Bauchbinde‹: Papierstreifen, der mit einer wirkungsvollen Werbeaussage bedruckt und um ein Buch gelegt wird, um die Aufmerksamkeit der Kunden zu erhöhen. Aus Kostengründen heute teilweise auch nur durch einen Aufdruck imitiert.

Außergewöhnliche Umverpackungen von Bastei Lübbe. Foto: Ulrich Huse

dass der Wiedererkennungseffekt verringert wird: Das verpackte oder mit einem anderen Umschlag versehene Buch ruft nicht mehr die Assoziation an die Produktabbildung in der Vorschau wach und sieht auch anders aus als die später ausgelieferten Exemplare. Einige Verlage befreien sich aus diesem Dilemma, indem sie nicht mit dem Umschlag, sondern mit **Umverpackungen** spielen: Bücher werden in Tüten, Kisten, Dosen verstaut, um mittels eines Überraschungseffekts möglichst große Aufmerksamkeit zu generieren.

Beigaben zu einem themengerecht verpackten Leseexemplar von Beltz & Gelberg. Foto: Ulrich Huse

Aus der Verkaufsauflage können Leseexemplare allerdings nur genommen werden, wenn die Novität vorzeitig fertiggestellt wird, also etwa drei bis vier Monate vor dem eigentlichen Auslieferungstermin gedruckt und gebunden vorliegt. Dies ist bei Originalausgaben leichter steuerbar als bei fremdsprachigen Titeln, die erst übersetzt werden müssen. So kann die Entscheidung für ein nur broschiertes Leseexemplar auch eine reine Terminfrage sein, die Verwendung eines vorläufigen Covers allein aus einem noch nicht abgeschlossenen Abstimmungsprozess im Verlag resultieren.

Einen Ausweg aus dieser Terminfalle bietet der nachträgliche **Einzelversand** eines nicht rechtzeitig fertig gewordenen Leseexemplars. Zwar steigt der Kostenaufwand dadurch noch einmal – ebenso aber auch die Aufmerksamkeit beim Empfänger. Aus diesem Grund nutzen einige Verlage den Sonderversand gezielt als Marketinginstrument für Schwerpunkttitel des Programms, bei denen sie fürchten, sie könnten sonst im Potpourri der anderen Leseexemplare untergehen.

In den 1990er Jahren hat es sich eingebürgert, auch wichtige Taschenbuch-Novitäten mit Leseexemplaren zu promoten. Zum einen wuchs die Zahl der Taschenbuch-Originalausgaben ohne Hardcover-Vorlauf, zum anderen übernahmen in den immer größer werdenden Buchhandlungen besondere Einkäufer die Zuständigkeit für die Taschenbuchabteilungen. Sie sollten gezielt mit diesen (im Vergleich zu ihren gebundenen Pendants) kostengünstigeren Leseexemplaren versorgt werden.

Unvollständige Leseexemplare werden **Leseproben** genannt und kommen fast nur noch bei Anthologien, Sachbüchern und Bildbänden zum Einsatz: Bei ersteren reicht auch eine Erzählung/ein Kapitel aus, um einen Eindruck vom Inhalt und Anspruchsniveau zu erhalten, bei letzteren wären Leseexemplare ein viel zu kostspieliges Werbemittel. Leseproben für Romane werden vom Buchhändler abgelehnt: Wer möchte schon die Lektüre beispielsweise eines Thrillers nach 96 oder 128 Seiten abbrechen und erst Wochen später weiterlesen können, wenn endlich das vollständige Buch ausgeliefert wird?

Üblicherweise liegen Leseexemplaren und Leseproben **Antwortkarten** bei, auf denen die Buchhändler dem Verlag ihre Einschätzung der Neuerscheinung mitteilen sollen. Diese Rückmeldungen finden häufig in der Handelswerbung Verwendung, denn das Urteil von Kollegen besitzt für viele Buchhändler hohe Glaubwürdigkeit. Außerdem schmeichelt ein Abdruck der eigenen Stellungnahme den jeweiligen Buchhändlern und fördert ihren Einsatz für diesen Titel und die Bindung an den Verlag. Allerdings birgt dieses System eine ›Gefahr‹ in sich: Die Aussicht, abgedruckt zu werden, mag manch einen Buchhändler dazu veranlassen, eine freundlichere Einschätzung abzugeben, als sie der eigene Lektüre-Eindruck rechtfertigt. Die Verlage freut dies natürlich, denn sie hoffen auf werbewirksame Stellungnahmen wie »Packend bis zur letzten Seite – mein Buchtipp für diese Saison«.

Da die Rücklaufquote solcher Antwortkarten eher bescheiden ist, schaffen die Marketingabteilungen zusätzliche Anreize, die Karten auszufüllen und zurückzuschicken. Häufigstes Lockmittel sind Preise, die unter

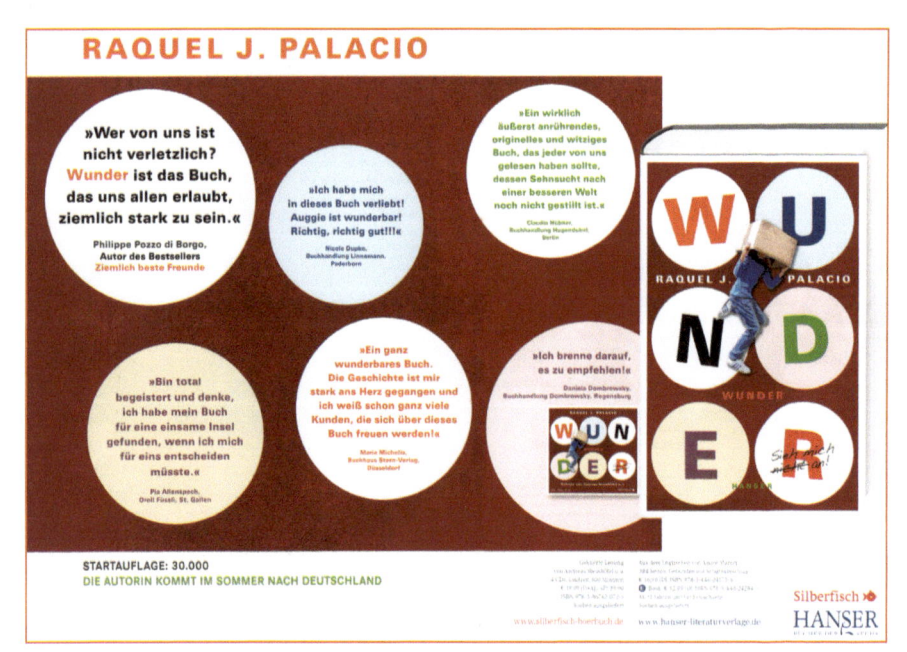

Positive Buchhändlerstimmen als Werbebotschaft. © Hanser

den Einsendern verlost werden – sie reichen von Sachgewinnen wie Reisen über attraktive Dekorationselemente bis zu Werbekostenzuschüssen.

Werbematerialien und Gimmicks

Ein Promotion Package ist zu klein, um darin großformatige Werbemittel zu versenden. Außerdem wäre dies pure Verschwendung: Bei der Ankunft des Informationspakets in der Buchhandlung besteht noch keine Verwendung dafür, da das Buch ja erst Wochen oder Monate später in den Handel kommt. Dennoch fügen einige Verlage den Leseexemplaren bereits (gefalzte) **Plakate** bei – sei es, um so auf die bevorstehende Werbekampagne aufmerksam zu machen und zu dokumentieren, dass man tatsächlich in begleitende Werbemaßnahmen investieren wird, sei es, um den Buchhändlern die Chance zu geben, ihre Kunden frühzeitig auf einen bevorstehenden Spitzentitel hinzuweisen. Angesichts des Mangels an freien Wänden in einer Buchhandlung werden Plakate in der Praxis nur selten aufgehängt, was in den letzten Jahren zu einem deutlich sparsameren Umgang mit diesem Werbemittel geführt hat.

Dafür enthalten Promotion Packages immer häufiger Zugaben für die Buchhändler: Da gibt es Gummibärchen und Pfefferminzdragees, Blumensamen und Anstecker, kurzum: echte **Gimmicks,** die eine positive Stimmung auslösen sollen (›Da hat sich der Verlag wieder mal was Nettes einfallen lassen‹), aber auch als ›unnützes Zeug‹ wahrgenommen werden können. Nur wenn der Buchhändler einen Zusammenhang zu den gelieferten Produkten bzw. zu ihrem Anbieter erkennen kann, löst eine Beigabe wie beispielsweise eine Packung Fischli-Knabbergebäck zu einem Ratgeber für Angler ein Schmunzeln aus und vergrößert so die Bereitschaft zur Beschäftigung mit dem entsprechenden Buch.

> Gimmick: kleine, mehr oder weniger spaßige und/oder überraschende kostenlose Beigabe von geringem materiellen Wert.

Anschreiben

Auch über Sinn und Zweck der den Vorschauen und Promotion Packages beigefügten Anschreiben ist vermutlich schon in allen Verlagen diskutiert worden. Mit ihrer häufig stereotypen Aufzählung der wichtigsten Neuerscheinungen sind sie weder sonderlich informativ noch attraktiv. Es überrascht schon, wie wenig Esprit die Verlage bei der Abfassung/Gestaltung dieser – selten personalisierten – Ansprache an die wichtigsten Verlagskunden und Pressevertreter entwickeln.

Dabei ist dieser **Begleitbrief** oft der einzige direkte Kontakt zwischen den Programmplanern in den Verlagen und dem Handel. Er könnte zu einer Information über die Absichten des Verlags genutzt werden oder jungen Buchhändlern das Profil ihnen noch unbekannter Verlage vorstellen und diese damit für den Verlag einnehmen. Kurzum: Diese Anschreiben könnten – ernst genommen und mit Sorgfalt formuliert und gestaltet – ebenso wie vergleichbare Editorials in den Verlagsvorschauen Wirkung erzielen und ein Mosaiksteinchen beim Aufbau eines konsistenten, positiven Verlagsimage sein.

3.4 Erstverkaufstag

»Als ›Erstverkaufstag‹ gilt der vom Verlag festgesetzte Tag, an dem ein Werk erstmals ausgestellt und/oder an Endabnehmer verkauft werden darf«, heißt es kurz und knapp in der *Verkehrsordnung für den Buchhandel* (2006, § 1 Abs. 7). Weitere Regelungen finden sich nicht in dieser Branchenvereinbarung über die handelsüblichen Konditionen im Ge-

> Erscheinungstermin: Zeitpunkt des Auslieferungsbeginns eines Buchs; er liegt folglich einige Tage vor dem Erstverkaufstag.

schäftsverkehr zwischen Verlagen, Sortiments- und Zwischenbuchhandel. Ein vom Börsenverein geplanter und für alle Marktteilnehmer verbindlicher *Verhaltenskodex zum Erstverkaufstag* wurde nie verabschiedet. Die Bedeutung des Erstverkaufstags (oft EVT abgekürzt) ergibt sich folglich nicht aus verbindlichen Bestimmungen, sondern allein aus dem Umgang mit diesem Marketinginstrument in der Verlagspraxis. Dies betont auch Christian Sprang (2006), der Justiziar des Börsenvereins: »Der Erstverkaufstag hat **keine bindende Wirkung,** es sei denn, der Verlag schließt mit der Buchhandlung einen Vertrag, der einen Verkauf vor dem Termin unter Strafe stellt.«

Im Pressevertrieb leuchtet die Festlegung eines Erstverkaufstags sofort ein: Um Wettbewerbsverzerrungen auszuschließen und eine gleichzeitige Information der Leser in allen Vertriebsgebieten sicherzustellen, setzen die Zeitungs- und Zeitschriftenverlage für alle ihre Publikationen Erstverkaufstage fest. Bei Informationsmedien, die nur am ersten Tag wirklich aktuell sind und mit jedem weiteren Verkaufstag an Attraktivität verlieren, hängt der wirtschaftliche Erfolg eines Händlers wesentlich davon ab, dass er bei Erscheinen lieferfähig ist. Ein einziger Tag Verzögerung kann bei tagesaktuellen Medien einen Umsatzeinbruch von bis zu 100 % bedeuten.

Aber bei Büchern? Kann es da wirklich auf ein, zwei Tage ankommen? Schließlich bemisst sich die Lebensdauer vieler Romane, Sach- und Fachbücher immer noch in Jahren, nicht in Wochen oder Monaten. Und dennoch spielt der Erstverkaufstag im Marketing von Buchverlagen eine große Rolle – nicht bei der Mehrheit der Neuerscheinungen, dafür aber bei den wirtschaftlich wichtigen Titeln. Denn er bietet Vorteile für den Verlag und für die Händler.

VORTEILE EINES FESTGESETZTEN ERSTVERKAUFSTAGS

DEM VERLAG ERMÖGLICHT ER ...	DIE EINHALTUNG EINES ERSTVERKAUFSTAGS ...
• den konzertierten Einsatz seiner Werbemaßnahmen • die Inszenierung des Erscheinens als Ereignis • einen besseren Einstieg auf den Bestseller-listen und dadurch ... • mehr Aufmerksamkeit in den Medien und bei der Zielgruppe.	• schafft Chancengleichheit unter den Händlern • ermöglicht die Inszenierung des Erscheinens als Ereignis • gewährleistet Kundenzufriedenheit, da kein Kunde unbedient abgewiesen werden muss (sofern ausreichend disponiert wurde), und ... • stärkt so die Kundenbindung an den Händler.

Handelswerbung mit besonderem Hinweis auf den Erstverkaufstag. © Random House

Ohne Erstverkaufstag wüsste der Verlag nicht genau, ab wann eine Neuerscheinung tatsächlich am Point of Sale angeboten wird. Er könnte seine Werbemaßnahmen dann nicht optimal terminieren: Entweder startet er für einen Teil des Handels zu früh oder er geht auf ›Nummer sicher‹ und schaltet Anzeigen mit einer gewissen zeitlichen Verzögerung. In diesem Fall riskiert er aber, dass der einsetzenden Berichterstattung in den Medien die werbliche Unterstützung fehlt – in beiden Fällen bedeutet dies verschenkten Umsatz und/oder vergeudetes Werbebudget.

Die Bekanntgabe des Erstverkaufstags erfolgt in der Vorschau sowie durch einen Eindruck in den Leseexemplaren, die der Verlag verschickt (s. Kap. 3.3). Ein solcher Eindruck auf Seite 1 (Schmutztitel) umfasst neben einer kurzen persönlichen Ansprache der Buchhändler und dem Erscheinungstermin stets auch einen **Sperrvermerk:** »Wir bitten, Rezensionen nicht vor dem Tag/Monat/Jahr zu veröffentlichen.« Wird eine größere Marketing-Kampagne auf diesen Termin ausgerichtet, so wird er auch in der Vorschau und anderen unterstützenden Werbemitteln des Verlags hervorgehoben. Üblicherweise wird hier aber nur der Erscheinungstermin genannt.

Schmutztitel: Erste Seite eines Buchs, die dessen Kurztitel trägt und ursprünglich dazu diente, den Haupttitel (Innentitel) auf Seite 3 vor Verschmutzung während der buchbinderischen Weiterverarbeitung zu schützen.

Erstverkaufstage bereiten dem Handel aber auch Probleme: Es fehlt an Lagerkapazität und Manpower, eingehende Büchersendungen einen oder mehrere Tage zwischenzulagern, bevor das Buch am Tag X in den

Verkauf kommen darf. Daher heißt es im Alltag zumeist: ausgepackt und eingeräumt – und zwar dorthin, wo die neue Ware Geld bringt: in den Laden. Dieser Umstand ist allen Beteiligten bewusst, so dass eine Einhaltung des geplanten Erstverkaufstags von den Verlagen mit besonderen Maßnahmen gestützt werden muss: Dies sind vor allem eine tagesgenaue Anlieferung und/oder eine schriftliche Verpflichtung mit Strafandrohung für den Fall der Zuwiderhandlung.

Maßnahmen zur Einhaltung des Erstverkaufstags

Auch wenn es also gute Gründe für die Einhaltung der Erstverkaufstage gibt – und einige praktische, die dagegen sprechen –, sind sie wirtschaftlich nur dann von Bedeutung, wenn eine größere Gruppe von Lesern sehnsüchtig auf das Erscheinen eines Buchs wartet, so dass es gleich nach Auslieferung des Titels zu einem Ansturm auf die anbietenden Geschäfte kommt. Dies gilt vor allem für Reihenwerke, bei denen bereits erschienene Titel eine größere Fangemeinde aufgebaut haben.

Ein typisches Beispiel sind die Folgebände der *Twilight-(Bis[s])*-Serie: Um allen Händlern gleiche Absatzchancen zu sichern, machte der deutsche Verlag (Carlsen) für *Bis(s) zum ersten Sonnenstrahl – Das kurze zweite Leben der Bree Tanner* von Stephenie Meyer (*1973) die Unterzeichnung einer Erklärung zur Einhaltung des Erstverkaufstags zur Voraussetzung für die Belieferung. Wer den Bestellschein nicht rechtsverbindlich unterschrieben an den Verlag zurückschickte oder seine Bestellung elektronisch (per DFÜ) aufgab, erhielt die bestellten Bücher nicht zum Erstverkaufstag am 5. Juni 2010.

Mit dieser privatrechtlichen Vereinbarung sicherte sich der Verlag die Möglichkeit, gegen Händler, die den Titel vorzeitig anboten, eine **Konventionalstrafe** zu verhängen – und zwar »1.000 Euro pro zu früh in Umlauf gebrachtes Exemplar«. Um die Kontrolle muss sich der Verlag in solchen Fällen keine Gedanken machen: Verstöße gegen die veröffentlichten Verkaufsbedingungen werden mit allergrößter Wahrscheinlichkeit von korrekt handelnden Mitbewerbern gemeldet, so dass der Verlag reagieren kann. Im Beispielfall wurde dem Carlsen Verlag nur ein Verstoß angezeigt, gegen den er wie angekündigt vorgegangen ist. Dabei handelte es sich um einen branchenfremden Händler.

Mit diesem Vorgehen hat der Hamburger Verlag nur wiederholt, was er in den Jahren zuvor mit großem Erfolg für seine *Harry Potter*-Reihe

---

Datenfernübertragung (DFÜ): Die elektronische Bestellübermittlung über das Telefonnetz oder das Internet hat die Laufzeiten einer Bestellung deutlich reduziert: Sie ist schneller als die Post und erspart die zeitaufwändige und fehlerträchtige Eingabe der Bestellung per Hand in die Verlags-EDV.

> **EVT: 05.06.2010**
> Noch nicht angeboten!
> Jetzt bestellen!

**Unglaublich aber wahr!
Sonderbestellfax für BIS(S) zum ersten Sonnenstrahl**

Stephenie Meyer
**Bis(s) zum ersten Sonnenstrahl –
Das kurze zweite Leben der Bree Tanner**

Aus dem Englischen von Katharina Diestelmeier
Umschlag von Sonya Pletes

Gebunden mit Schutzumschlag
ca. 224 Seiten, 15,6 x 22,1 cm
€ (D) 15,90 / € (A) 16,40 / sFr 28,90
ISBN 978-3-551-58200-3
Palettengröße: 864 Exemplare

EVT: 05.06.2010, _7.00 Uhr_ – zeitgleich zur Originalausgabe

Bestellschluss für termingerechte Anlieferung zum EVT: 26.05.2010

Belieferungen zum Erstverkaufstag nur bei rechtsverbindlicher Gegenzeichnung der Rahmendaten. Daher verarbeiten wir ausschließlich schriftliche Bestellungen. Bestellungen ohne Unterschrift (z.B. DFÜ) werden nicht zum EVT ausgeliefert.

CARLSEN
www.carlsen.de

Sonderbestellfax zum Erscheinen eines Ergänzungsbands zur *Bis(s)*-Serie. © Carlsen

durchexerzierte: die gekonnte Inszenierung der **Erstverkaufstage als ›Hype-Events‹** (u.a. durch mitternächtliche ›HP‹-Partys in Buchhandlungen). Bei den Bestsellern von Joanne K. Rowling (*1965) kam allerdings noch ein Aspekt hinzu: die Geheimhaltung des Romaninhalts. Um die Spannung und Vorfreude der Lesergemeinde nicht zu zerstören – und den Absatz durch vorzeitige Infos im Internet nicht zu gefährden –, forderte Carlsen von allen Beteiligten außergewöhnliche Sicherheitsmaßnahmen. Oliver Voerster, geschäftsführender Gesellschafter der KNOVA, berichtete 2005 auf boersenblatt.net anlässlich des Erscheinens von *Harry-Potter*-Band 6 *(... und der Halbblutprinz)* über die ›Null-Fehler-Strategie‹ seiner Verlagsauslieferung:

> »In der Geschichte der KNO Verlagsauslieferung gab es bisher noch kein umfassenderes Sicherheitskonzept. Wir arbeiten dezentral an verschiedenen Standorten in Deutschland, die *Harry Potter*-Bände sind durch Alarmanlagen gesichert, Sicherheitsdienste mit Hunden bewachen bei Tag und Nacht die Bücher. […] Die *Harry Potter*-Bände werden in speziellen abgetrennten Bereichen kommissioniert, wenige Mitarbeiter haben für diese Bereiche Sicherheitsschlüssel. Transporte werden nur in verplombten Fahrzeugen vorgenommen […]; unsere Mitarbeiter haben sich dazu verpflichtet, kein einziges Buch aufzuschlagen.«

Kommissionieren meint das Zusammen- und Bereitstellen aller zu einem Auftrag gehörigen Artikel.

Countdown bis zum Erstverkaufstag. Die Zeit bis dahin überbrückten viele mit dem Verkauf der englischsprachigen Originalausgabe.
Foto: Maria Ebert

Zum Erstverkaufstag der deutschsprachigen Ausgabe mussten alle Bücher im Handel sein – und das möglichst tagesgenau bei doppelt so vielen Kunden wie bei normalen Bestseller-Auslieferungen (wegen des erwarteten Ansturms hatten auch branchenfremde Verkaufsstellen wie Lebensmittel- und Getränkediscounter die begehrte Ware geordert); bei ›HP 6‹ belieferte KNO-VA rund 4 900 Handelskunden! Nur die Werbemittel wurden vorab zugestellt.

Dennoch sind schriftliche Unterlassungserklärungen im Buchhandel eher die Ausnahme. Im Alltagsgeschäft setzen die Verlage auf die freiwillige Beachtung der von ihnen vorgegebenen Erstverkaufstage – denn letztlich profitieren alle Marktteilnehmer davon, wenn das Erscheinen eines Buchs termingenau von Werbung begleitet, von Rezensionen unterstützt und von den Käufern/Lesern sehnlichst erwartet wird.

3.5 Handelswerbung

Mit dem Versand der Vorschauen bzw. der Promotion Packages beginnt auch die Handelswerbung. Die immer gleiche Botschaft – »Dies sind die wichtigsten Titel der kommenden Saison« – soll den Buchhändlern als Multiplikatoren und ›Gatekeeper‹ vermittelt werden. Sie entscheiden letztlich autonom, welche der mehr als 90 000 Neuerscheinungen eines Jahres sie einkaufen und welche davon sie offensiv präsentieren. Diesen Entscheidungsprozess suchen die Verlage durch Informationsmaterial wie Verlagsvorschauen und Leseexemplare, durch den persönlichen Einsatz der Verlagsvertreter im Außen- und die meist telefonischen Nachfassaktionen der Vertriebsmitarbeiter im Innendienst sowie durch klassische Printwerbung in ihrem Sinne zu beeinflussen.

> Gatekeeper (engl.: Schleusenwärter): Für den Handel benutzter Begriff, weil dieser das Angebot der Hersteller vorselektiert und so zu einem Engpassfaktor beim Warenabsatz wird.

Die Rolle der Branchenmagazine

Drei höchst unterschiedliche Fachzeitschriften berichten über den deutschen Buchmarkt – wöchentlich bzw. monatlich in gedruckter sowie wochentäglich in elektronischer Form. Es sind dies:
- das Börsenblatt, ›Wochenmagazin für den Deutschen Buchhandel‹ (so der aktuelle Untertitel), seit 1835 herausgegeben vom Börsenverein für den Deutschen Buchhandel in Frankfurt am Main (IVW-geprüfte verbreitete Auflage 1. Quartal 2013: rund 9 500 Exemplare);
- der Buchreport, 1970 von dem Sportjournalisten Bodo Harenberg begründet und bis 2006 von ihm herausgegeben; seit Anfang 2007 gehört das Wochenmagazin zum Portfolio des Spiegel-Verlags in Hamburg (Auflage: ca. 4 500 Exemplare);
- der BuchMarkt, laut eigener Definition »das Ideenmagazin für den Buchhandel«, 1966 begründet und seither herausgegeben von Christian von Zittwitz (Auflage: ca. 4 700 Exemplare); die Monatszeitschrift erscheint im BuchMarkt-Verlag K. Werner in Meerbusch bei Neuss.

> IVW (Informationsgemeinschaft zur Feststellung der Verbreitung von Werbeträgern e.V.): unabhängige Einrichtung zur Prüfung der Auflagen von Zeitungen und Zeitschriften.

Während das Börsenblatt als Verbandsorgan Sprachrohr des Börsenvereins ist und auf die Interessen der durch ihn vertretenen Mitglieder Rücksicht nehmen muss, sind die beiden anderen Blätter rechtlich-organisatorisch unabhängig von der Branche, über die sie berichten. Buchreport nimmt für sich in Anspruch, als »das meinungsbildende Fachmagazin der deutschsprachigen Buchbranche« kritischen Journalismus zu pflegen, und auch der BuchMarkt betont, »bis heute eine unabhängige Fachzeitschrift für den deutschsprachigen Buchhandel« zu sein.

Diese Eigenständigkeit ist spürbar, wenn es um die kritische Kommentierung der Verbandsarbeit geht. Völlige Freiheit haben aber auch

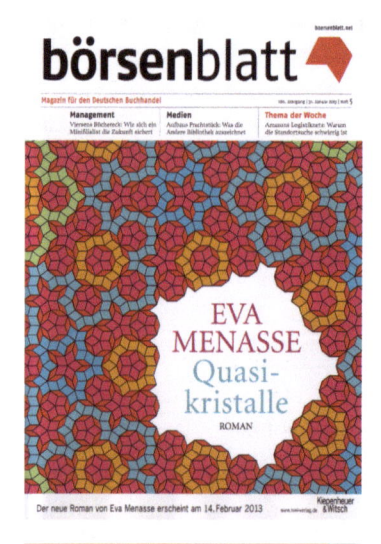

Die Branchenmagazine für den deutschen Buchmarkt

die Redaktionen der beiden unabhängigen Branchenmagazine nicht, denn wie das Börsenblatt finanzieren sie sich zu einem erheblichen Teil durch Anzeigenerlöse. Eine allzu provokante Berichterstattung über wichtige Inserenten birgt daher die Gefahr, mit Anzeigenentzug bestraft zu werden – angesichts der überschaubaren Branche und des begrenzten Anzeigenaufkommens keine angenehme Perspektive.

Als Fachzeitschriften richten sich alle genannten Blätter an den Handel (und die Medien), nicht an Endkunden (Käufer und Leser). Dies erklärt die eher bescheidenen Auflagen von wenigen Tausend Exemplaren. Das Börsenblatt ragt nur deshalb hervor, weil sein Bezug im Mitgliedsbeitrag des Börsenvereins enthalten ist, an dessen Mitglieder das Gros der Auflage verteilt wird.

Das Börsenblatt als Novitätenanzeiger

Das Vereinsorgan erschien zunächst wöchentlich, dann zweimal wöchentlich (ab 1837), schließlich werktäglich (ab 1867). Angezeigt wurden sämtliche Neuerscheinungen, womit das Börsenblatt »zur offiziellen bibliografischen Quelle deutschsprachiger Literaturproduktion« avancierte, wie der Buchforscher und frühere Verlagsleiter Hans Altenhein (2000, 275) konstatiert. Ab 1916 übernahm die neu gegründete Deutsche Bücherei in Leipzig diese Aufgabe (heute fortgeführt von der Deutschen Nationalbibliothek).

> Die Deutsche Bücherei hatte die zentrale Aufgabe, die gesamte vom 1.1.1913 an erscheinende deutsche sowie deutschsprachige Literatur des Auslands zu sammeln, bibliografisch zu verzeichnen und unentgeltlich für die Benutzung zur Verfügung zu stellen.

Der anfangs spärliche Nachrichtenteil mit Verbandsmitteilungen, gesetzlichen Verlautbarungen und Informationen zu aktuellen Branchenthemen entwickelte sich erst im späten 19. Jahrhundert vom Umfang, in den 1920er Jahren auch von der redaktionellen Qualität zu einem lesenswerten **Praxisratgeber**, der seine Glaubwürdigkeit allerdings verlor, als der Börsenverein und sein Organ sich willfährig in den Dienst der nationalsozialistischen Machthaber stellten.

Nach dem Zweiten Weltkrieg und der Teilung Deutschlands in zunächst vier Besatzungszonen und (ab 1949) in BRD und DDR erschien auch das Börsenblatt in zwei Ausgaben (Frankfurter Ausgabe, ab 1945, sowie Leipziger Ausgabe, ab 1946). Die westdeutsche Ausgabe kam ab 1949 zweimal wöchentlich heraus, die ostdeutsche einmal wöchentlich, und auch inhaltlich entwickelten sich die beiden ›Schwesterzeitschriften‹ immer weiter auseinander.

Die Frankfurter Ausgabe erweiterte ihr Themenspektrum und in den 1970er Jahren auch die Kompetenzen der Redaktion; zuvor hatten die mehrfach modifizierten *Bestimmungen über die Verwaltung des Börsenblatts* vor allem »Anstöße bei den Mitgliedern und in der Öffentlichkeit vermeiden« sollen (Altenhein 2000, 279) und den Fokus des Blatts auf die Rolle als **Novitätenanzeiger** gerichtet (und damit Gewinne generiert, die an den Verein flossen). Die Leipziger Ausgabe stand dagegen ganz

LKG (Leipziger Kommissions- und Großbuchhandelsgesellschaft): 1946–1990 zentraler Buchgroßhändler der SBZ bzw. DDR. 1963 verstaatlicht und 1992 reprivatisiert, gehört die LKG heute zur Verlagsauslieferung KNO VA.

im Dienste der DDR-Kulturpolitik und wurde von den Ostberliner Behörden kontrolliert. Dennoch blieb sie wegen des beigelegten Vorankündigungsdienstes der LKG wichtiges Arbeits- und Informationsmittel des ostdeutschen Buchhandels. Mit der Vereinigung der beiden deutschen Staaten 1990 endete zugleich die Spaltung des deutschen Buchhandels: Seit 1991 gibt es daher auch nur noch ein Börsenblatt.

Die Bestsellerlisten

Der Erfolg des Buchreports ist wesentlich mit den von ihm für den Spiegel erstellten Bestsellerlisten verbunden. Das Hamburger Nachrichtenmagazin hatte schon 1961 damit begonnen, **Buchverkaufslisten** zu veröffentlichen. Die Daten dafür wurden vom Institut für Demoskopie in Allensbach erhoben; 1971 übertrug der Spiegel diese Aufgabe dem ein Jahr zuvor in Dortmund gegründeten Branchenblatt. Damit verschaffte sich Herausgeber Bodo Harenberg ein Alleinstellungsmerkmal: Wer wissen wollte, was sich in Westdeutschlands Buchhandlungen verkaufte, musste sein Magazin abonnieren.

Die neuen Listen waren durchaus umstritten, fußten sie doch ausschließlich auf quantitativen, nicht qualitativen Kriterien (vgl. Liebenstein 2005, 13–19). Durch eine schriftliche Umfrage bei repräsentativ ausgewählten Buchhandlungen in allen Regionen der Bundesrepublik einschließlich Westberlins wurden die meistverkauften 50 gebundenen Belletristik- und Sachbuchtitel ermittelt und die ersten 15 (heute 20) davon im Heft aufgelistet. Bestimmte Auswahlkriterien (keine Lexika und Nachschlagewerke, keine Anthologien und Ratgeber, keine Sonder- und Geschenkausgaben) und der Ausschluss von Parallelausgaben verhinderten, dass die Bestsellerlisten über Jahre von denselben Titeln besetzt und damit für die Praxis uninteressant wurden.

Eine eigene **Taschenbuch-Bestsellerliste** erschien erstmals 1978, allerdings nicht unter der Wortmarke Spiegel, sondern (bis 2007) mit dem Label der Rundfunkzeitschrift Gong (heute: SpiegelOnline). Im Gegensatz zur Hardcover-Liste sind auf ihr auch Ratgeber vertreten. Weitere monatliche Spezialrankings kamen ab 2002 hinzu (u.a. für Wirtschafts-, Bilder-, Kinder- und Jugendbücher sowie Hörbücher und DVDs). 2012 hat das Branchenblatt seine Auswahlkriterien modifiziert, was branchenintern heftige Diskussionen auslöste, da Paperbacks nicht mehr auf der Hardcover-Liste erscheinen, sondern als Taschenbücher kategorisiert

Spiegel-Bestsellerregal in der Buchhandlung Zimmermann in Nürtingen. Foto: Maria Ebert

werden sollten. Als Kompromiss wurde eine dritte Liste eingeführt, die den Paperbacks vorbehalten ist.

Die Gegner der Bestsellerlisten brachten in den 1970er Jahren sowohl formale als auch kulturpolitische Argumente vor, die nicht selten mit Polemik angereichert wurden. So schrieb der Branchenjournalist Georg Ramseger im BuchMarkt: »Faßt sich denn da kein Buchhändler an den Kopf und fragt sich: Zu welchem Affentheater gebe ich mich eigentlich her?« und Bertelsmann-Verleger Andreas Hopf wird mit dem (heute reichlich naiv anmutenden) Ausspruch zitiert: »Ganze Generationen von Verlegern sind ohne ›Sellerlisten‹ ausgekommen. Warum sollten wir nicht wieder ohne sie auskommen?« (zit. n. Graber 1975)

Ebenso typisch wie unbewiesen war auch die Behauptung, Buchhändler würden bei der Abfrage statt der bestverkauften Titel ihre ›Ladenhüter‹ melden, um diese durch eine Platzierung auf der Bestsellerliste anschließend doch noch absetzen zu können. Die ernst zu nehmenden Kritiker wiesen stattdessen darauf hin, so Sigrid Gent (1995, 95) in ihrer *Taschenbuch-Fibel*, dass ...

> »[...] die Angaben der befragten Buchhändler nicht zweifelsfrei auf objektiven Zahlen beruhten, das Interesse der Leser nur auf einige wenige Titel aus einem vielfältigen Literaturangebot gelenkt werde und die Bücher zudem nicht nach inhaltlichen, sondern allein nach wirtschaftlichen Kriterien bewertet wurden.«

Die Kritik verstummte auch deshalb nicht, weil die Bestsellerlisten unbestritten Wirkung zeigten: Titel, die sich unter den Top 10 platzierten, erhielten deutlich mehr Aufmerksamkeit in den Medien und damit auch beim Endkunden. Dafür sorgte auch der Umstand, dass Buchhandlungen, die an der Buchreport-Erhebung teilnahmen oder das Branchenblatt abonniert hatten, die beiliegenden Bestsellerlisten in ihren Läden aufhängten und die darauf platzierten Titel entsprechend in den Vordergrund rückten – oft in einem eigenen Spiegel-**Bestsellerregal,** das mit dem Schriftzug des meistgelesenen deutschen Nachrichtenmagazins zum Blickfang wurde.

Bis 2001 entstanden die Bestsellerlisten nach dem oben beschriebenen Prinzip der schriftlichen Erhebung, die unbestritten eines war: viel zu langsam. Neuerscheinungen tauchten mit mindestens zweiwöchiger Verzögerung auf der Liste auf, die erst in der darauf folgenden Woche im Spiegel abgedruckt wurde. Als sich Anfang des neuen Jahrtausends auch in Buchhandlungen Warenwirtschaftssysteme durchgesetzt hatten, war die Voraussetzung für einen Systemwandel gegeben und Buchreport stellte das Erhebungsprinzip um – seither werden die tatsächlichen Abverkaufsdaten vollautomatisch in eine Datenbank eingelesen und ausgewertet. Die elektronische Abfrage »garantiert ein sehr genaues Bild des effektiven Marktgeschehens und spiegelt die Abverkäufe im Buchhandel mit einem Zeitabstand von nur wenigen Verkaufstagen«, meldet das Branchenmagazin stolz auf seiner Website.

Mit dem technologischen Fortschritt verlor Buchreport allerdings auch seine Alleinstellung. Zwar hatte es zuvor schon konkurrierende Lis-

Bestsellerlisten im Vergleich: 17 der Top 20-Titel der Buchreport-/Spiegel-Liste ...

ten gegeben, doch waren dies reine **Empfehlungslisten** wie die *Bestenliste des SWF-Literaturmagazins*, die seit 1975 jeden Monat von Literaturkritikern erstellt wird. Eine vordere Platzierung auf einer solchen Liste kann allenfalls in der B2C-Kommunikation, also gegenüber dem Käufer eingesetzt werden, für Buchhändler sind die oft literarisch anspruchsvollen Lesetipps weniger hilfreich, da nur eingeschränkt umsatzfördernd.

Echte Konkurrenz erwuchs dem Dortmunder Branchenmagazin Buchreport durch die Kooperation des Börsenblatts mit dem Nachrichtenmagazin Focus, das bereits seit 1993 eine (in der Buchbranche wenig beachtete) Bestsellerliste erheben ließ. Ebenfalls gestützt auf die Warenwirtschaftssysteme ausgewählter Buchhandlungen und Warenhäuser sowie Internethändler ermittelt Media Control GfK International seit 2001 für beide Medien eigenständige Listen, die jedoch in ihrer Außenwirkung auch zehn Jahre nach ihrer Einführung noch nicht die Bedeutung der Spiegel-Bestsellerlisten erreicht haben.

Abweichungen zwischen den konkurrierenden Listen lassen sich vor allem durch die unterschiedlichen Panels erklären, auch wenn beide Zeitschriften und ihre Partner nur recht allgemeine Informatio-

SACHBUCH hardcover
Die meistverkauften Titel
Ermittlungszeitraum: 18.4. – 1.5.2013

#	Titel	Platzierung in Vorwoche
1	**Richard David Precht** Anna, die Schule und der liebe Gott. neu! Goldmann 19,99 €	
2	**Kai Twilfer** Schantall, tu ma die Omma winken! Schwarzkopf & Schwarzkopf 9,95 €	– 2
3	**Dieter Nuhr** Das Geheimnis des perfekten Tages. Ehrenwirth 14,99 €	↓ 1
4	**Meike Winnemuth** Das große Los. Knaus 19,99 €	– 4
5	**Florian Illies** 1913. S. Fischer 19,99 €	↓ 3
6	**Michail Gorbatschow** Alles zu seiner Zeit. Hoffmann und Campe 24,99 €	↓ 5
7	**Frank Schirrmacher** Ego. Blessing 19,99 €	↓ 6
8	**Rolf Dobelli / Birgit Lang** Die Kunst des klaren Denkens. Hanser Wirtschaft Wissen Weltgeschehen 14,90 €	↑ 9
9	**Eben Alexander** Blick in die Ewigkeit. Ansata 19,99 €	↓ 7
10	**Bronnie Ware** 5 Dinge, die Sterbende am meisten bereuen. Arkana 19,99 €	↑ 12
11	**Duden** Der deutsche Rechtschreibung. Bibliographisches Institut 21,95 €	– 11
12	**Margot Käßmann** Mehr als Ja und Amen. Adeo 17,99 €	neu!
13	**Robert Skidelsky / Edward Skidelsky** Wie viel ist genug? Kunstmann 19,95 €	↓ 8
14	**Rolf Dobelli** Die Kunst des klugen Handelns. Hanser Wirtschaft Wissen Weltgeschehen 14,90 €	– 14
15	**Michael Tsokos** Die Klaviatur des Todes. Droemer Knaur 19,99 €	↓ 13
16	**Gerald Hüther / Uli Hauser** Jedes Kind ist hoch begabt. Knaus 19,99 €	↑ 17
17	**Egon Bahr** »Das musst du erzählen«. Propyläen 19,99 €	↓ 10
18	**Jenna Miscavige Hill / Lisa Pulitzer** Mein geheimes Leben bei Scientology und meine dramatische Flucht. btb 19,99 €	neu!
19	**Hans-Ulrich Grimm** Garantiert gesundheitsgefährdend. Droemer Knaur 18 €	neu!
20	**John Hattie / Wolfgang Beywl / Klaus Zierer** Lernen sichtbar machen. Schneider Verlag Hohengehren 28 €	neu!
21	**Andreas Englisch** Franziskus – Zeichen der Hoffnung. C. Bertelsmann 17,99 €	neu!
22	**Dirk Müller** Showdown. Droemer Knaur 19,99 €	neu!
23	**Madeleine Korbel Albright** Winter in Prag. Siedler 24,99 €	neu!
24	**Kevin Dutton** Psychopathen. dtv 14,90 €	neu!
25	**Harald Welzer** Selbst denken. S. Fischer 19,99 €	↓ 18

... finden sich auch beim Börsenblatt ganz oben.

Panel: Der gleichbleibende Kreis von Befragten bei einer regelmäßig stattfindenden Markterhebung.

nen über die teilnehmenden ›Verkaufsstätten‹ geben. Ein Blick auf zwei willkürlich ausgewählte Listen aus dem Bücherfrühling 2013 zeigt allerdings, dass es bei den Spitzentiteln weitgehende Übereinstimmungen gibt (vgl. die Seiten 72 und 73).

Dies gilt nicht für die **Bestsellerlisten der Barsortimente,** auf denen aktuelle Bestseller oft erst auf hinteren Plätzen zu finden sind, während gut gehende Backlist-Titel, die ›Brotartikel‹ des Sortiments, das Ranking anführen. Der Grund dafür liegt im Einkaufsverhalten der Buchhändler, die größere Stückzahlen der Spitzentitel wegen des Rabattvorteils direkt beim Verlag, also am Barsortiment vorbei, ordern.

> Eine Übersicht aller für den Buchmarkt relevanten Bestsellerlisten findet sich auf: www.boersenverein.de/de/158446/Bestsellerlisten/158283

Eine Sonderrolle spielen die Bestsellerlisten der großen **Online-Händler** wie Amazon. Dort lässt sich der aktuelle Verkaufsrang eines Titels feststellen. Wirksam werden diese Informationen aber nur für Online-Käufer, da eine Werbung mit derart flüchtigen Daten (Amazon aktualisiert stündlich) im stationären Buchhandel kontraproduktiv wäre: Kurzfristig weit oben platzierte Nischentitel hat der Händler in der Regel nicht im Laden vorrätig, so dass enttäuschte Kunden erst recht zur Internet-Konkurrenz getrieben würden.

Eine besonders originelle Idee hatten die Werber des Diogenes Verlags 2006. Sie publizierten eine Liste ihrer zehn am schlechtesten verkauften Titel des Vorjahrs. »Alle reden von Bestsellern, reden wir einmal von Worstsellern. Bücher, die sich schlecht verkaufen und es doch verdienen, gelesen zu werden«, erklärte Verleger Daniel Keel (1930–2011) in der Vorschau des Züricher Verlagshauses. Auf der **Worstseller-Liste** im Design der Spiegel-Bestsellerliste finden sich lauter renommierte Autoren, von Frank O'Connor (Meistererzählungen, 3 verkaufte Exemplare 2005) bis zu Dashiell Hammett (Das Haus in der Turk Street, 67 Exemplare). »Soviel Mut zur Selbstironie ist selten«, urteilte die Jury des ›BuchMarkt-Award‹ und prämierte die Aktion 2007 in der Kategorie Verlagskommunikation.

Mutige ›Anti-Werbung‹. © Diogenes Verlag

Anzeigen für den Handel

Buchhandelsanzeigen unterscheiden sich in mehreren Punkten von ihren Pendants für Endkunden, auch wenn ihr Ziel dasselbe ist: Aufmerksamkeit für die Titel des jeweiligen Verlags zu wecken und den (Ein-)Kauf zu stimulieren. Dies geschieht aber mit anderen Mitteln als im Endkundenmarketing. Vereinfacht gesagt geht es darum, den Buchhändler weniger von der Qualität als von der Verkäuflichkeit eines Titels zu überzeugen – denn im Unterschied zum Endkunden will er das eingekaufte Buch ja nicht selber lesen, sondern weiterverkaufen.

So logisch dies klingt, so viel Sprengstoff birgt dieses rein kaufmännische Denken in der buchhändlerischen Praxis. Denn die meisten Buchhändler verstehen – wie viele Verleger auch – ihren »Handel von Geistesprodukten« (Ernst Rowohlt) als etwas Besonderes, für das auch besondere Regeln gelten (sollten). Der deutsche Buchhändler und Verleger Georg Joachim Göschen schrieb 1802, also zu einer Zeit, als sich der verbreitende Buchhandel gerade erst als eigenständiger Wirtschaftszweig etablierte:

»Der Buchhandel ist ein Handel mit Büchern. Versteht man unter Buch mehrere Bogen Papier, mit Buchstaben bedruckt, und unter Buchhandel die Mühe, einige Bücher à condition zu verschreiben: so ist nichts leichter als der Buchhandel, und ein Buchhändler ist noch weniger als ein Heringsweib. Sind aber Bücher die Geistesprodukte der vorzüglichsten Männer ihres Zeitalters, welche fähig sind, die Menschen zu unterrichten und zu bessern oder das Leben zu verschönern: so ist der Buchhändler ein Kaufmann, der mit den edelsten Waren handelt: Und wenn er seinen Beruf mit Würde treibt, so gebührt ihm unter Handelsleuten der erste Rang.« (Göschen 1802, § IV)

> à condition: Im Buchhandel früher übliche Bezeichnung für eine »bedingte Lieferung«, also eine Lieferung mit Rückgaberecht.

Deshalb kommt der Handelswerbung weiterhin eine wichtige Bedeutung zu. Durch attraktive, auffällige und informative Anzeigen können Verlage Buchhändler für ihre Titel gewinnen – keine ganz einfache Aufgabe, denn die eigene Anzeige muss sich zum Beispiel im Börsenblatt gegenüber 50 und mehr Anzeigen anderer Verlage behaupten.

Attraktiv, auffällig, informativ – ein Blick auf die Verlagswerbung für Bücher zeigt, dass viele Anzeigen diesem Anspruch nicht gerecht werden. Sie wirken uniform, einfallslos, wie Pflichtaufgaben, wo doch Fantasie gefordert wäre. Der Schweizer Werbeprofi Aldo Frei hat die Buchverlagsanzeigen deutschsprachiger Verlage wie folgt charakterisiert:

»Sie sind – unabhängig davon, welche Bücher sie anpreisen – alle nach dem gleichen Muster gestrickt. Sie zeigen in der Regel nur Buchtitel, umgeben von mehr oder weniger unbeholfenen Texten. Kritikerzitate und Autorengesichter sind die höchste Dramaturgie. Mehr ist nie, schon seit Jahrzehnten [...]« (Frei 2003)

Man mag einwerfen, dass Printwerbung für Kühlschränke oder Fernseher auch nicht durch übermäßigen Ideenreichtum auffällt, doch haben Bücher im Gegensatz zu diesen Produkten eine hohe Individualität, die sich phantasievoll in Szene setzen ließe – und in einigen Fällen ja auch entsprechend inszeniert wird.

HÄUFIG VORKOMMENDE ANZEIGENTYPEN[1] FÜR BÜCHER

AUSRICHTUNG	KERNELEMENT
buchzentriert	Cover des Titels
autorenzentriert	Autorenfoto als Blickfang
aktionszentriert	Hinweis auf ein bevorstehendes Medienereignis (Jubiläum, Filmstart etc.)
marketingzentriert	Verweis auf die geplanten Werbeaktivitäten
testimonialbasiert	Buchhändlerstimmen als Identifikationsangebot

[1] Es wird hier nicht zwischen ein-, doppel- und mehrseitigen Anzeigen unterschieden, auch wenn der Umfang die Gestaltungs- und Wirkungsmöglichkeiten beeinflusst.

Autorenfoto als Blickfang. © Rowohlt

Hinweis auf ein bevorstehendes Medienereignis.
© Random House

Verweis auf die geplanten Werbeaktivitäten.
© Ullstein

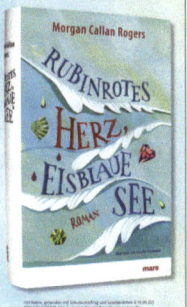

Buchhändlerstimmen als Identifikationsangebot.
© mare

Handelswerbung 77

Wenngleich diese Anzeigentypen dominieren, soll nicht verschwiegen werden, dass die Marketingabteilungen vieler Verlage in den letzten Jahren einfallsreicher geworden sind, was die außergewöhnliche **Inszenierung der Werbeauftritte** betrifft. Dieser Befund kann anhand einiger beispielhafter Kampagnen belegt werden:

- **Mehr Argumente**
  Der Kosmos-Verlag startete im März 2010 eine sogenannte Reihenoffensive. Die Anzeigenserie setzt auf Überzeugung durch Argumente: Eingeführte Buchreihen bringen Mehrumsatz ohne Beratungsaufwand, lautete die Kernbotschaft des Stuttgarter Verlags an den Buchhandel.

Mit Reihen Umsatz machen. © Kosmos

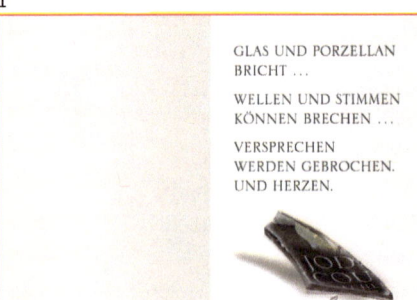

- **Mehr Dramaturgie**
  Das Belegen von mehreren Doppelseiten hintereinander ist nichts Neues; den Luxus, dabei Seiten freizulassen, um den Werbeeffekt zu verstärken, leistete sich 2009 Bastei-Lübbe für eine Novität von Jodi Picoult und setzte dabei ganz auf die Magie der Sprache. (vgl. Abbildungen 1–3, © Bastei Lübbe)

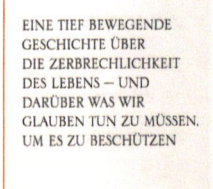

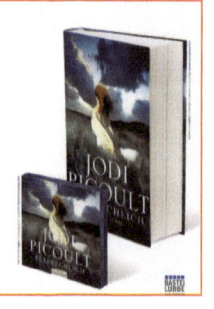

1

2

3

78 Handelsmarketing

- **Kombination mit PR-Texten**
Der Ravensburger Buchverlag kombinierte im Frühjahr 2010 eine doppelseitige Anzeige (für die Neuerscheinung *Malice*) mit einer vorgeschalteten PR-Seite für den Fantasy-Thriller *Schattenauge*, die optisch wie ein Börsenblatt-Artikel aufbereitet ist und zusätzlich mit einem (gedruckten) Durchblickeffekt arbeitet. Hier verschwimmen die Grenzen zwischen Redaktion und Werbung; klassische Buch-PR war bisher den Kundenmagazinen vorbehalten. (vgl. Abbildungen 1 und 2, © Ravensburger)

Werden diese Bemühungen der Verlage von den Buchhändlern wahrgenommen? Eine fundierte Antwort fällt schwer, denn es fehlen entsprechende Untersuchungen. Allerdings sind Branchenblätter laut der bereits zitierten Umfrage der AG PRO die im verbreitenden Buchhandel am zweihäufigsten genutzte Informationsquelle. Eigene Erhebungen der Zeitschriften bestätigen dies. So hat das Marktforschungsinstitut CMS 2009 insgesamt 253 Börsenblatt-Leser befragt, davon 76 % Buchhändler. Fazit: Mehr als drei Viertel aller befragten Buchhändler gaben an, die Informationen in den Anzeigen für ihren Einkauf zu nutzen; jeder zweite erklärte darüber hinaus, dass die Anzeigen auch hilfreich für seine Verkaufsgespräche und Kundenberatungen seien (vgl. Börsenblatt – Leserbefragung 2009, 15–19).

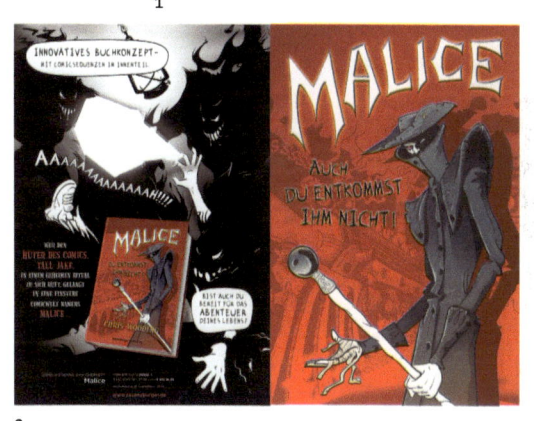

Zu den derart genutzten Quellen gehören – neben den oben erwähnten drei Fachmagazinen – auch die Publikationen der Branchenverbände in Österreich und der deutschsprachigen Schweiz, der Anzeiger (Auflage: ca. 1 500) und Schweizer Buchhandel (Auflage: 3 200). Beide Zeitschriften erscheinen monatlich.

Handelswerbung

Die starke Belegung dieser Medien hat zwei Gründe: Zum einen ist der Streuverlust aufgrund der klaren Zielgruppenorientierung sehr gering, zum anderen sind die Anzeigenpreise wegen der eher niedrigen Auflagen günstig: Die Schaltung einer ganzseitigen Farbanzeige (1/1, 4c) im Innenteil kostet zwischen 1 000 und 1 500 Euro (zuzügl. MwSt.; Anzeigen im Börsenblatt sind für Nicht-Börsenvereins-Mitglieder teurer), Rabatte und Sonderkonditionen sind dabei noch nicht berücksichtigt.

Allerdings hat nicht nur eine Anzeige, sondern auch die redaktionelle Berichterstattung über einen Verlag und/oder seine Neuerscheinungen einen nicht zu unterschätzenden Werbeeffekt – und dies, ohne dafür bezahlen zu müssen. Monografische Geschichten über einen Autor, ein Buch oder ein Verlagsprogramm besitzen einen größeren Aufmerksamkeits- und Glaubwürdigkeitsfaktor als jede Anzeige, so dass die PR-Abteilungen von Verlagen gut beraten sind, ihre Geschichten nicht nur Publikumsmedien anzubieten, sondern auch in der Branchenpresse zu platzieren. Dass heute für einen redaktionellen Bericht nicht selten eine Gegenleistung in Form einer bezahlten Anzeige erwartet wird, widerspricht zwar den im *Pressekodex* (Deutscher Presserat 2008, Ziffer 7) festgehaltenen publizistischen Grundsätzen eines unabhängigen Journalismus, der eine strikte **Trennung von Werbung und Redaktion** fordert, ist aber in einer um Anzeigenerlöse kämpfenden Presselandschaft Realität.

3.6 Verkaufshilfen für den PoS

Werbemittel und Verkaufshilfen für den #Point of Sale gehören zum Endkundenmarketing und werden deshalb in Kap. 5.1 behandelt. Trotzdem haben sie auch eine wichtige Funktion im Handelsmarketing, denn sie unterstützen den Buchhändler vor Ort beim Abverkauf der von ihm georderten Ware – und können damit für ihn eine Entscheidungshilfe beim Einkauf sein.

Lagerumschlagsgeschwindigkeit: Kennzahl, die angibt, wie häufig sich in einem Zeitraum ein einzelner Titel, eine Warengruppe oder der Lagerbestand insgesamt umschlägt (= verkauft).

Während der Kundennutzen eines Produkts (Buch, Kalender, Hörbuch, DVD) für den Händler nur mittelbar – als Argument für das Verkaufsgespräch – Bedeutung hat, interessiert ihn die Verkäuflichkeit, da die Lagerumschlagsgeschwindigkeit ein wichtiger Indikator für die Wirtschaftlichkeit seines Unternehmens ist. Je mehr die Verlage tun, um den Absatz eines Titels zu befördern, um so eher wird der Buchhändler bereit sein, ihn zu ordern. Ein wichtiges Indiz dafür sind die titelbezogenen Werbebudgets, die der Handel zwar nicht kennt, aber anhand der angekündigten Marketingaktivitäten immerhin einzuschätzen weiß.

Sehr genau zu beurteilen vermag der Buchhändler die Werbemittel, die ihm unmittelbar als Verkaufshilfen zur Verfügung gestellt werden. Verlage sind hier in einer Zwickmühle: Ihnen ist die stimulierende Wirkung solcher Hilfsmittel bewusst, die Erfahrung hat sie aber gelehrt, dass die Endkunden die meisten der sehr teuer produzierten Verkaufshilfen nie zu Gesicht bekommen. Dafür gibt es unterschiedliche Gründe:

- Für die Menge der angebotenen Werbemittel gibt es in vielen Buchhandlungen keinen Platz; sie verstauben auf der ›Werbemittel-Halde‹ in den Büroräumen.
- Buchhandlungen mit einem klaren CD lehnen es ab, Werbemittel einzusetzen, die dem Erscheinungsbild der eigenen Marke widersprechen.
- Immer wieder erweisen sich gerade Verkaufsdisplays als ungeeignet weil zu schwer (an Gewicht), zu kompliziert (im Aufbau), zu unsicher (in der Standfestigkeit) oder zu sperrig (für die Buchhandlung).

KLASSISCHE VERKAUFSHILFEN IM STATIONÄREN BUCHHANDEL

• Displays	• Aufsteller	• Prospekte
• Plakate	• Deckenhänger	• Give-aways

Give-aways: Bezeichnung für Werbegeschenke (Werbeartikel) aller Art, von hochwertigen Füllfederhaltern über Kalender bis zu Gimmicks wie Pfefferminzpastillen.

Für Verlage gibt es zwei Wege, dieser Zwickmühle zu entkommen: Sie kündigen in der Vorschau, um Bestellungen zu generieren, viele interessante Verkaufshilfen an, die sie dann aber gar nicht produzieren – eine unlautere Methode, die vom Buchhändler früher oder später durchschaut wird –, oder sie bieten an, die Verkaufshilfen im Design der großen Buchhandlungen/Filialisten herzustellen – eine **Individualisierung,** die viel Geld kostet, aber angenommen (wenn nicht sogar schon gefordert) wird. In diesem Fall ist der Aspekt des Handelsmarketings besonders deutlich: Auf den Verlagskunden (= Buchhändler) zugeschnittene Angebote fördern die Bereitschaft zum Einkauf der Ware und stellen damit überhaupt erst die Voraussetzung her, den Vertriebskanal Sortimentsbuchhandel optimal nutzen zu können.

Verwendete und weiterführende Literatur

Altenhein, Hans: Das »Börsenblatt« für den Deutschen Buchhandel«. In: *Der Börsenverein des Deutschen Buchhandels 1825-2000. Ein geschichtlicher Aufriss.* Hrsg. im Auftrage der Historischen Kommission von Stephan Füssel, Georg Jäger und Hermann Staub in Verbindung mit Monika Estermann. Frankfurt am Main: Buchhändler-Vereinigung 2000, 273-282

Börsenblatt – Repräsentative Leserbefragung September 2009. Hrsg. v. MVB Marketing- und Verlags-Service des Buchhandels GmbH. Frankfurt am Main 2009

BUBIZ – Buch und Buchhandel in Zahlen 2013. Hrsg. v. Börsenverein des Deutschen Buchhandels e. V. Frankfurt am Main: MVB 2013

csch (i.e. Schulte, Christina): *Wichtigstes Instrument.* In: Börsenblatt 18, 2008, 8

Deutscher Presserat: *Publizistische Grundsätze (Pressekodex). Richtlinien für die publizistische Arbeit nach den Empfehlungen des Deutschen Presserats.* Fassung vom 3. Dezember 2008

Ehrenwirth, Franz: *Verlagswerbung beim Sortiment.* In: Kliemann, Horst: *Die Werbung fürs Buch.* Unter Mitarbeit von Jakob Bauer et al. 4., neu bearb. Aufl. Stuttgart: C.E. Poeschel 1950, 75-93

Frei, Aldo: *Intelligente Animation.* In: Börsenblatt 8, 2003, 9

Gent, Sigrid: *Die Taschenbuch-Fibel. Über 100 Stichwörter rund ums Taschenbuch.* Mit Beiträgen von Beate Pannes. Frankfurt am Main: Buchhändler-Vereinigung 1995

Göschen, Georg Joachim: *Meine Gedanken über den Buchhandel und über dessen Mängel, meine wenigen Erfahrungen und meine unmaßgeblichen Vorschläge, dieselben zu verbessern.* o. O. 1802 [Leipzig: Poeschel & Trepte 1925]

Graber, Dieter: *»Mensch-ärgere-dich-nicht« oder: Was von den Listen eigentlich zu halten ist.* In: Börsenblatt 19, 1975, 366ff.; zit. n. Popp, Helmut (Hrsg.): Der Bestseller (Studienhefte für die Kollegstufe). München: R. Oldenbourg 1975, 66-68

Grabovszki, Ernst: *Verlagsvorschauen im World Wide Web?* In: Buchhändler heute 9, 2009, 51

Harksen, Hans-Gustav: *Kein Gänsebraten.* In: *Auf Verlegers Rappen. Verlagsvertreter berichten von ihren Begegnungen mit Buchhändlern, Verlegern und Autoren.* Hrsg. von Hans Jordan. 2. erw. Aufl. Stuttgart/Weimar: J. B. Metzler 1994, 103-108

Innofact: *Buchhändler/innenbefragung zum Thema ›Verlagsvorschauen‹.* Hrsg. v. BuchMarkt-Expertenpanel in Zusammenarbeit mit Innofact. Düsseldorf 2002

Kirsch, Tom: *Das Ende der Reise?* In: Börsenblatt 33, 2003, 20

Liebenstein, Karina: *Bestsellerlisten 1962-2001. Eine statistische Analyse* (Alles Buch. Studien der Erlanger Buchwissenschaft XII). Erlangen: Buchwissenschaft/Universität Erlangen-Nürnberg 2005

Luft, Sabine: *»Visitenkarten eines Verlags« – Aufbau, Funktion und Entwicklung der Verlagsvorschau seit der 2. Hälfte des 20. Jahrhunderts. Mit einer Studie zu den Vorschauen des C.H. Beck-Verlags* (Alles Buch. Studien der Erlanger Buchwissenschaft IX). Erlangen: Buchwissenschaft/Universität Erlangen-Nürnberg 2004

Reclams Sachlexikon des Buches. Hrsg. v. Ursula Rautenberg. Stuttgart: Philipp Reclam jun. 2003

Sprang, Christian, zit. n. bai/cro (i.e. Baier, Eckart | Cronau, Sabine): *Keine bindende Wirkung.* In: Börsenblatt 29, 2006, 8

Verkehrsordnung für den Buchhandel in der Fassung vom 9. November 2006

Voerster, Oliver: *»Null Fehler-Strategie«*; zit. n. www.boersenblatt.net vom 27.9.2005

4 Produktmarketing

Während das vorausgehende Kapitel den Fokus auf die Marketingaktionen richtet, die Verlage für ihre Produkte im Handel initiieren, soll im Folgenden das Produkt selbst im Blickpunkt stehen. »Das Buch ist als Artefakt Ergebnis eines handwerklich oder maschinell geprägten Herstellungsprozesses«, schreibt die Buchwissenschaftlerin Ursula Rautenberg (Rautenberg/Wetzel 2001, 22), und die Qualität dieses Prozesses – bewusste Materialauswahl, Druck, Veredelung und spezielle Ausstattungsmerkmale – wurde und wird von Verlagen gezielt eingesetzt, um die Kaufentscheidung zu beeinflussen.

Damit wird der Buchkörper als solcher zum Marketinginstrument; aber auch seine ›Einkleidung‹ in einen Buchumschlag mit aufgedruckten Werbetexten macht das Produkt Buch (wie die Verpackungen anderer Konsumgüter auch) gewissermaßen zum Verkäufer seiner selbst. Darüber hinaus kann das Buch zum Werbeträger für andere Produkte werden, durch eingedruckte Anzeigen, beigelegte Werbematerialien, #Co-Branding oder die Integration von Werbeaussagen in den Inhalt. Was Verlage tun, um ihre Produkte zielgruppengerecht zu ›verpacken‹, und wie sie ihre Produkte in Szene setzen, das soll im Folgenden betrachtet werden.

4.1 Das besondere Buch

Als mehr oder weniger große Anzahl von bedruckten und durch Bindung zusammengehaltenen Seiten ist das Buch auf den ersten Blick ein Produkt von hoher Konformität. Als »graphische Materialisierung geistig-immaterieller Inhalte« (Hiller/Füssel 2002, 61) birgt es dagegen eine unerschöpfliche Vielfalt, die sich seinen Nutzern höchst individuell erschließt. Diese Individualität äußerlich sichtbar zu machen, ist die Aufgabe der Buchgestalter/Hersteller.

»A book is a non-periodic publication of at least 49 pages exclusive of the cover pages.« (UNESCO 1985)

»In der Regel hebt sich das besondere Buch durch eine Kombination gestaltungs- und produktionsbedingter Eigenschaften von der Masse anderer Bücher ab. Jedoch kann auch ein spezielles Merkmal ausreichend sein, etwa wenn es einen gewissen Seltenheitswert innehat oder etwas noch nie Dagewesenes verkörpert.« (Rehberg 2010, 25)

In *Das besondere Buch als Marketinginstrument* untersucht Dörte Rehberg, welche Anstrengungen Verlage unternehmen, das gedruckte Buch optisch und haptisch aufzuwerten. Sie unterscheidet dabei die Parameter Formate, Materialien und Veredelungen, geht aber auch auf herstellerische ›Extravaganzen‹ sowie die Einbindung von Künstlern in die Buchgestaltung ein. Insgesamt registriert sie zwei gegenläufige Entwicklungen: In der Masse sieht Rehberg eine ›Tendenz zum Billigprodukt Buch‹, der aber ein ›Veredelungsboom‹ gegenübersteht, der vor allem im Taschenbuchbereich sichtbar wird, wo Verlage mit glitzernden Covern Aufmerksamkeit generieren wollen. Wie dies geschieht, soll an einigen signifikanten Beispielen dargestellt werden.

Formate

»In der Regel sind Bücher Rechtecke«, konstatiert der Buchgestalter Rainer Groothuis (2000, 60) – um sogleich selbst einige Ausnahmen vorzustellen. Doch auf mehr als 99,9 % aller Neuerscheinungen trifft diese Aussage zu, denn das rechteckige Format hat sich als besonders praktisch erwiesen. Allerdings haben sich für bestimmte Buchinhalte spezielle Formate entwickelt: neben dem (allein schon aus Umfangsgründen) kleinen Lyrikbändchen der große Kunstband (um den Abbildungen Raum zu geben), neben dem schmalen Reiseführer (für unterwegs) das große Lexikonformat (zum Nachschlagen daheim). Daher spielt das Format im Marketing von Buchverlagen kaum eine Rolle, denn die gewählten Größen ergeben sich aus dem Buchgenre und haben daher gerade keinen ›Seltenheitswert‹. Ausnahmen sind, sofern es nicht um Sonderveröffentlichungen (z. B. #Corporate Books) geht, rar, können aber durchaus erfolgreich sein, wie zwei Beispiele belegen.

Form follows Content.
© Hölker Verlag

- **Langenscheidts Mini-Wörterbücher** Die erst 1987 von Rot auf Gelb umgestellten und in *Mini-Wörterbücher* umbenannten kleinsten Sprachhilfen aus dem Hause Langenscheidt (Format: 3,3 x 4,6 cm) firmierten zuvor unter dem Namen *Langenscheidts Lilliput-Wörterbücher*. Der Verlag hatte die Reihe 1954 aus dem Programm von Schmidt & Günther (Leipzig) übernommen, wo sie als Ableger einer bereits 1907 gegründeten Miniaturbuch-Bibliothek *(Liliput-Bibliothek,* später *Liliput-Klassiker)* entstanden war. 137 Sprachkombinationen zeugten von der Beliebtheit dieser Reihe – besonders unter Schülern, die das besondere Format vor allem bei Klassenarbeiten zu schätzen wussten.

Langenscheidts Lilliputs – klein aber hilfreich. Foto: Ulrich Huse

- **Taschen-SUMO** Das gegenteilige Konzept verfolgte der Kölner Verleger Benedikt Taschen, als er 1999 einen Band mit den Fotografien von Helmut Newton (1920–2004) auf den Markt brachte: Das 480 Seiten starke, 50 x 70 x 15 cm große und rund 30 Kilo (!) schwere Buch wurde treffend als ›Taschen-SUMO‹ vermarktet, mit einem von Philippe Starck eigens dafür gestalteten Ablagetisch ausgeliefert und kostete glatte 3 000 DM (ca. 1 530 Euro) – ein Preis, wie er zuvor nur für aufwändigst hergestellte Faksimile-Ausgaben denkbar gewesen war. 10 000 Exem-

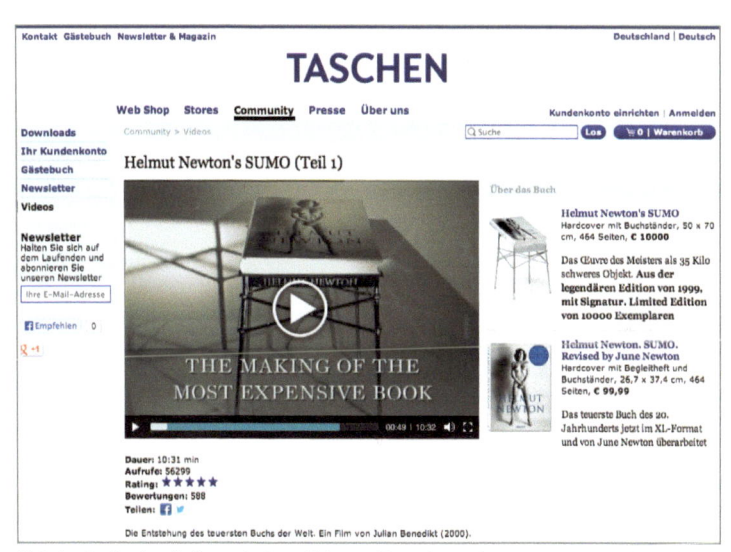

Website des Taschen Verlags mit einem Video zur Entstehung »des teuersten Buchs der Welt«

Begehrte Bücher: Die nicht nur von Newton, sondern auch von mehr als 100 der darin abgebildeten Personen signierte SUMO-Nummer 1 wurde im April 2000 in Berlin für 620 000 DM versteigert und damit zum teuersten Buch des 20. Jahrhunderts.

plare ließ Taschen drucken und vom Künstler nummerieren und signieren; sie fanden rasch ihre Käufer und erzielen heute Liebhaberpreise deutlich über 5 000 Euro. Die Exzentrik des Produkts wurde zum Erfolgsgarant eines auf den ersten Blick gigantomanisch erscheinenden Vorhabens, das »drucktechnisch, buchtechnisch und verlegerisch ein absolutes Unikum« war, aber neue »Maßstäbe setzte«, wie die Kunstzeitschrift *ars mundi* 2009 rückblickend urteilte.

Die Newton-Retrospektive war nur der Auftakt für weitere XXL-Bände bei Taschen, u. a. über Muhammad Ali: Für die lebende Boxlegende schuf Taschen GOAT (Akronym für ›Greatest Of All Time‹), das »teuerste Sportbuch aller Zeiten« (Verlagswerbung), noch schwerer (34 kg) und noch teurer (3 000 Euro) als der Vorgänger, aber ebenso erfolgreich.

Materialien

Ein besonderes Buch unterscheidet sich von der Massenware meist durch die Wahl der verwendeten Materialien – also vor allem Papier und Einband. In der Produktion stellt das **Papier** – neben der buchbinderischen Verarbeitung – den größten Kostenfaktor dar, doch wird der Nutzer die Papierqualität in den meisten Fällen nur dann registrieren, wenn das eingesetzte Material nicht zum Buch passt (also z. B. für ein teures Buch ein stark holzhaltiges Papier verwendet wird) oder es das Lesen behindert (etwa weil es zu dünn ist und durchscheint oder zu weiß und das einfallende Licht reflektiert). In den 1980er Jahren, als sich in der westdeutschen Bevölkerung ein starkes ökologisches Bewusstsein entwickelte, versuchten einige Verlage mit dem Einsatz von Recyclingpapieren zu punkten. Doch die Mehrzahl der Käufer/Leser akzeptierte die optischen und haptischen Einbußen nur bei Büchern, die sich inhaltlich mit Umweltthemen auseinandersetzten; für den ›klassischen‹ Lesestoff erwarteten sie weiterhin Natur- oder Werkdruckpapiere, deren Oberfläche sich optimal für die Darstellung von Texten und Strichabbildungen eignet. Ähnlich war es bei dem von einigen Verlagen vorgenommenen Verzicht auf die Einschweißfolie.

Seit Buchumschläge den **Einband** verdecken, spielt dieser für die Kaufentscheidung und damit für die Marketingüberlegungen der Verlage eine immer geringere Rolle. Wenn ein Verlag doch einmal eine besondere Einbandart für sich entdeckt hat, wie z. B. abwaschbare Flexcover für Kochbücher, kann er sicher sein, rasch Nachahmer zu finden, die ebenso ausgestattete Nachahmer-(#Me-too-)Produkte auf den Markt bringen. Auch das früher bei umfangreicheren Romanen zur Standardausstattung gehörende Lesebändchen ist heute dem Rotstift zum Opfer gefallen und wird eher selten eingesetzt. Meist sind es daher Reihenkonzeptionen oder Sonderausgaben, bei denen sich Verlage für eine besondere Einbandgestaltung entscheiden, um die Reihenmarke klar zu konturieren. Zwei Beispiele, die sich am Markt behaupten:

- **SALTO-Reihe** Charakteristisch für die 1987 gegründete *Salto*-Reihe des Berliner Wagenbach-Verlags sind das schmale Format (12,5 x 20,5 cm), das rote Leinen, die doppelte Prägung und ein aufgeklebtes Schildchen: »kurz: eine artistische Ausstattung für Kopf- und Gedankensprünge und zur Anstiftung von Denken und Laune« (Buchhändler René Kohl, 2009). Tatsächlich nimmt das *Salto*-Design Anleihen bei der 1968 bis 1973 ebenfalls von Klaus Wagenbach verlegten *Rotbuch*-Reihe, damals Sprachrohr der außerparlamentarischen Opposition.

  Auch andere Verlage (Fischer Bibliothek) haben mit dem schmalen Format experimentiert, doch nur Wagenbach gelang die einleuchtende Verbindung von äußerer Gestalt und innerem Gehalt, so dass *Salto* zum Markenzeichen des Verlags wurde, die Zuneigung der Buchhändler gewann und so auch große Verkaufserfolge feiern konnte – vor allem mit Erich Frieds *Liebesgedichten* (1990 erschienen) und Alan Bennetts *Die souveräne Leserin* (2008 erschienen; mehr als 250 000 verkaufte Exemplare).

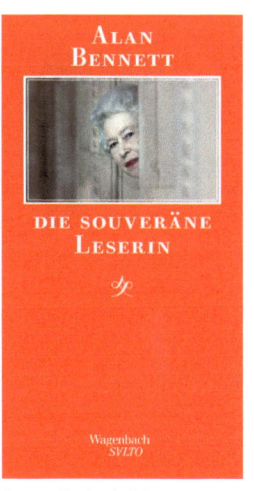

  Queen Elizabeth II. ist *Die souveräne Leserin*

- **Fischer TaschenBibliothek** 2006 begann der Fischer Taschenbuch Verlag, erfolgreiche Longseller seines belletristischen Programms in einer neuen Ausstattung zu veröffentlichen. Um die Wertigkeit der um die zehn Euro teuren Geschenkbücher (Format: 9,4 x 14,5 cm) zu erhöhen, wird ein seidig schimmerndes Einbandmaterial (Surbalin Perleffekt) verwendet und – bei Taschenbüchern absolut unüblich – ein Lesebändchen spendiert.

Lesebändchen (fachsprachlich: Lesezeichenbänder) werden innen am Buchrücken befestigt. Sie ermöglichen die individuelle Markierung einzelner Seiten.

Attraktiv: Fischer TaschenBibliothek

Longseller sind Titel, die sich über Jahre hinweg gut verkaufen, unabhängig davon, ob sie zuvor Bestseller waren oder nicht.

Die auffälligen Eigenschaften – das Einbandmaterial, die abgerundeten Ecken und das abziehbare Titeletikett – verleihen der TaschenBibliothek zusammen mit den geschmackvollen Einbandmotiven eine hohe Eigenständigkeit gegenüber anderen Taschenbuchreihen und verstärken damit den Sammelcharakter. Das besondere Buch wird so zum überraschenden Marketinginstrument bei der sonst meist überaus schlichten und kostengünstigen Drittverwertung (nach Hardcover und Taschenbuch) von Erfolgstiteln, deren große Zeit teils schon Jahrzehnte zurückliegt (wie z. B. bei *Hundert Jahre Einsamkeit* von Gabriel García Márquez), oder Bestsellern aus jüngerer Zeit, die sich zu Longsellern entwickelt haben (wie *Schande* von J. M. Coetzee).

Veredelungen

Durch Veredelungen lassen sich die – nach dem Format – auffälligsten Produktveränderungen vornehmen. Die verschiedensten Methoden sind aber allesamt mit mindestens einem zusätzlichen Arbeitsgang und folglich mit Mehrkosten verbunden, so dass abgewogen werden muss, ob die jeweilige Veredelung das Produkt in den Augen des Kunden tatsächlich attraktiver und damit besser verkäuflich macht.

Empirische Utersuchungen liegen dazu bisher nicht vor. Unstrittig ist aber, dass sie Aufmerksamkeit schaffen (können) und damit die Chancen des Produkts erhöhen, sich am Point of Sale gegen konkurrierende Angebote durchzusetzen. Auf jeden Fall wecken sie aber die Sympathien der Buchhändler, die im stationären Buchhandel als ›Gatekeeper‹ fungieren und nicht nur durch ihre Beratungstätigkeit, sondern allein schon durch die Platzierung der Ware im Laden über gute oder schlechte Verkaufszahlen entscheiden.

Noch eine abschließende Anmerkung: Alle hier betrachteten Parameter betreffen die äußere Gestalt des Buchs; natürlich gibt es weitere Kriterien, an denen sich die Qualität des ›Artefakts‹ Buch festmachen

VEREDELUNGSFORMEN VON BÜCHERN

- **FOLIENKASCHIERUNG** Nicht nur bei Buchumschlägen, sondern auch bei Taschenbüchern ist der Auftrag einer matten oder glänzenden Schutzschicht eine fast schon selbstverständliche Produktoptimierung.

- **LACKIERUNG** Der Einsatz von Drucklacken schützt die Oberfläche und verleiht ihr Glanz. Dieser Effekt kann auch nur partiell eingesetzt werden, um bestimmte Text- oder Bildelemente zu betonen. Von den meisten Kunden wird er aber unentdeckt bleiben, es sei denn, es werden UV-Lacke verwendet: Sie erzeugen einen besonders starken Glanz und sind zudem auf der Oberfläche erhaben.

- **PRÄGUNG** Durch die (mittels Druck und Hitze erzielte) Prägung von bestimmten Teilen des Covers entstehen dauerhaft fühlbare (ohne Farbe, sogenannte Blindprägung) und sichtbare (mit Farbe) Erhebungen der Oberfläche. Besonders dekorativ sind Heißfolienprägungen mit gold-, silber- oder metallicfarbenen Folien.

- **AUSSTANZUNGEN** Eine besonders auffällige Veredelungsmethode sind Ausstanzungen, die den Blick auf die darunterliegende Fläche/Seite freigeben und so wirkungsvolle Bildeffekte erzeugen. Auch Stanzungen an den Cover-Ecken können irritierend wirken und damit Aufmerksamkeit erzeugen.

- **BEFLOCKUNG** Das Beflocken (Flocking) von Umschlägen verändert gleichermaßen Optik und Haptik von Büchern: Mittels eines Sprühklebers werden feine Textilpartikel auf die zu veredelnde Oberfläche aufgebracht, die beim Berühren ein angenehm samtiges Gefühl erwecken. Diese zunächst nur für Kinderbücher genutzte Veredelungsmethode kommt inzwischen auch bei Titeln für Erwachsene zum Einsatz.

- **SCHNITTVERZIERUNG** Die traditionellste Veredelungsmethode ist heute die vielleicht am seltensten eingesetzte: Durch das Färben, Marmorieren oder Vergolden der Schnittkanten des Buchblocks lassen sich optisch ansprechende Effekte erzielen, die meist aber erst sichtbar werden, wenn der potenzielle Käufer das Buch in die Hand genommen hat.

Definitionen nach Rehberg 2010, 28f.

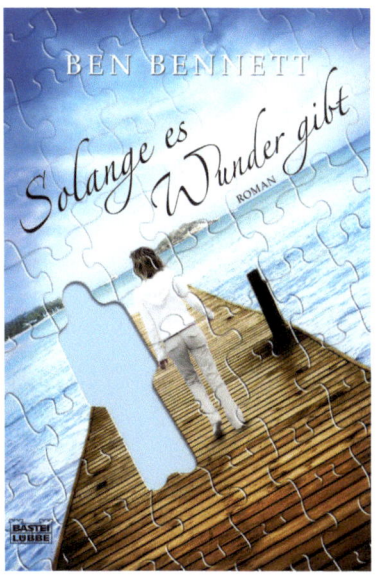

Inhaltsbezogene Ausstanzung bei einer Klappenbroschur: Der Blick fällt auf die blau bedruckte Klappenrückseite (und nicht auf die erste Seite des Buchblocks). © Bastei Lübbe

Passende Schnittverzierung. © Ullstein

lässt, z. B. Bindung, Typografie, Satzspiegel. Sie alle sind für den Laien aber nur schwer bzw. erst nach ›Gebrauch‹ des Produkts zu beurteilen und wirken sich daher kaum auf die Kaufentscheidung aus.»Wichtig aber ist: ein schönes Buch ist ein organisches Buch, alle Teile entwickeln sich aus Inhalt und Funktion, nehmen aufeinander Bezug«, stellt Groothuis (2000,103) fest und formuliert damit zugleich den Anspruch an Buchgestalter/Grafiker/Hersteller, ein Buch ›von innen nach außen‹ zu konzipieren, vom Inhalt auf die Form zu schließen – und diese Stimmigkeit nicht für (vermeintlich) verkaufsfördernde Effekte zu opfern.

4.2 Der Buchumschlag

Verlegereinband (auch ›Verlagseinband‹): ein im Auftrag eines Verlegers bzw. Verlags in serieller Fertigung für eine ganze (oder einen Teil einer) Auflage hergestellter Einband.

Die eigentliche Geschichte des Buchumschlags beginnt erst Ende des 19. Jahrhunderts mit der Durchsetzung des maschinengefertigten Verlegereinbands und der Loslösung von der nur temporären Funktion als ›Schutzumschlag‹ (zum Schutz des noch nicht eingebundenen Buchblocks). In der Anfangsphase war es die Plakatkunst, die dem modernen Buchumschlag Impulse verlieh: In den 1880er Jahren gestalteten prominente Künstler wie Henri de Toulouse-Lautrec (1864–1901) in Frankreich erste werbende Buchumschläge (vgl. Schauer 1962).

Anders als in Frankreich stieß die neue ›Mode‹ in Deutschland auf Kritik. Nicht wenige hielten eine bedruckte Schutzhülle für das Buch zwar für sinnvoll, plakative Werbung aber eines Kulturguts für unwürdig. Es waren die jungen Verleger, allen voran Eugen Diederichs, Samuel Fischer und Albert Langen, die dem französischen Vorbild folgten und Künstler wie Thomas Theodor Heine (1867–1948), Max Slevogt (1868–1932) und die Vertreter des Jugendstils dafür gewannen, ihren Büchern ein Gesicht zu geben. Die Qualität der Umschlaggrafiken überzeugte auch die Kritiker und führte zu einer grundlegenden Veränderung im Erscheinungsbild des Buchhandels. So stellte Walter von Zur Westen 1899 in der *Zeitschrift für Bücherfreunde* fest:

»Die Auslagen der deutschen Buchhandlungen haben ihr Aussehen in verhältnismäßig kurzer Zeit vollständig verändert. Früher waren sie ernst und düster, jetzt sind sie heiter und farbenfreudig geworden; früher boten sie nur Lesestoff, jetzt gewähren sie den Eindruck einer kleinen Galerie.«

In dem Maße, in dem der Umschlag an Bedeutung gewann, verloren die Verlage ein Interesse an der Gestaltung des (vor den Augen des Käufers versteckten) Einbands. Häufig gibt es nur noch die für Bibliotheken wichtige Rückenprägung (da diese die Bücher ohne Umschlag aufstellen).

Funktionen

Relativ rasch kristallisierten sich drei komplementäre Funktionen des Buchumschlags heraus, die Jochen Goerke *(Reclams Sachlexikon* 2003, 463f.) wie folgt charakterisiert: »Er soll den Bucheinband oder den Umschlag vor Transport- und Benutzungsschäden schützen **(technische Funktion)**, soll auf das Buch aufmerksam machen **(Werbefunktion)** oder ist gestalterisches Element der Gesamtkonzeption des Buches **(gestalterische Funktion)**« – wobei sich alle drei Funktionen im Idealfall ergänzen.

Für seine grundlegende Untersuchung *Buch und Umschlag im Test* (1984) hat Heinz F. Kroehl Verlagsmitarbeiter, Gestalter, Autoren, Buchhändler und Leser befragt, welche Rollen sie dem Buchumschlag zuschreiben, und dabei eine vierte Funktion definiert: die **Orientierungsfunktion.** Sie steht im Zentrum des von ihm ermittelten Interesses, denn bei allen befragten Gruppen stellten sich drei Aufgaben als besonders wichtig heraus: Danach soll ein Buchumschlag …
- den Charakter des Buches vermitteln,
- etwas über den Inhalt aussagen und
- auf das Buch aufmerksam machen.

Allerdings wurde deutlich, dass die einzelnen Gruppen teils sehr unterschiedliche Erwartungen an Umschläge haben: Die Schutzfunktion etwa war den ›Rezipienten‹ (Lesern) – im Gegensatz zu Autoren, Verlagsmitarbeitern und Gestaltern – wichtig, denn sie erwarten im Laden stets ein einwandfreies Exemplar. Dies gilt auch für den Umschlag selbst: 8 % der befragten Leser erklärten ungestützt, den Umschlag beim Lesen abzunehmen, um ihn vor Beschädigungen zu schützen, verkehren also die eigentliche Funktion des ›Schutzumschlags‹ in ihr Gegenteil (vgl. Kroehl 1984, 83). Dagegen wünschen sich die ›Kommunikatoren‹ (also Autoren, Verlagsmitarbeiter und Händler) Buchumschläge, die Werbeargumente liefern und Kaufanreize bieten, während die Leser diese ablehnen und stattdessen objektive Informationen verlangen.

»Der Bucheinband ist im Grunde so etwas wie ein Versprechen, das der Verlag dem Leser im Namen des Autors macht«, schreibt der britische Kommunikationsdesigner Andrew Haslam (2007, 160). »Er soll dazu einladen, das Buch in die Hand zunehmen, es zu öffnen und zu erwerben.«

Erfolgskriterien

Für viele Bücher ist der Umschlag mangels eines eigenen Werbebudgets die einzige Werbefläche – niemand sollte es sich da leisten, diese zu verschenken. Und doch scheint häufig nicht mit der größtmöglichen Sorgfalt über den Einsatz dieser Werbefläche nachgedacht zu werden. In der Branchenpresse ist in diesem Zusammenhang immer wieder von ›Beliebigkeit‹, ›Eintönigkeit‹, ›Einheitsbrei‹ und ›Ödnis‹ die Rede. Buchgestalter, Hersteller und Marketer erklären übereinstimmend, viele Cover seien zu komplex (visuell überladen) oder zu diffus (ohne klare Fokussierung auf eine Kerninformation), um überhaupt wahrgenommen zu werden. Aber auch ›Außenstehende‹, wie die Kulturjournalistin Felicitas von Lovenberg, fällen ein vernichtendes Urteil über Romanumschläge:

> »Dabei sind die überwiegend von Agenturen produzierten Belletristik-Cover keineswegs hässlich. Sie sind nur: langweilig. Abgestorben. Illustrativ statt innovativ. Vor allem aber sind sie unpersönlich. Kein Wunder, dass Lustkäufe im Buchhandel selten sind.« (Lovenberg, 2009)

Nun gibt es aber keine allgemeingültige Gebrauchsanleitung zur Gestaltung spannender, lebendiger, innovativer und individueller Buchumschläge, denn auch der **Zeitgeist** und gesellschaftliche Befindlichkeiten spielen dabei eine große Rolle. Dass beispielsweise textbeladene Umschläge, wie sie in den 1970/80er Jahren ›in‹ waren, heute eine Chance hätten, glaubt kein großer Verlag mehr, auch wenn sie vor 40 Jahren Bestsellern wie *Jahrestage* von Uwe Johnson oder der viel beachteten Collection S. Fischer ein Gesicht gaben.

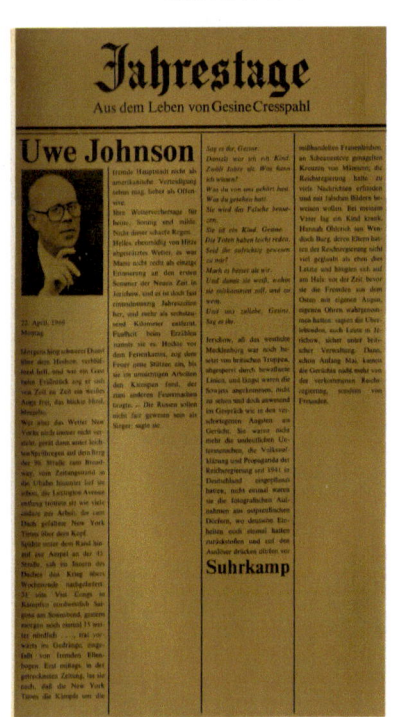

Jahrestage (Band 1, 1970); Umschlag Willy Fleckhaus

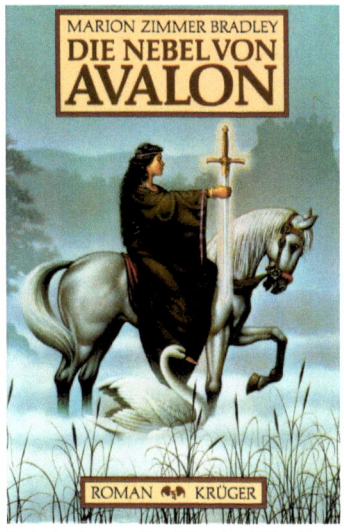

Typischer Fantasy-Umschlag der 1980er Jahre   Typische Gestaltung eines historischen Romans

Stattdessen bestimmte mit Beginn der 1980er Jahre die neue Bildsprache der Historien- und Fantasyromane den Buchhandel – Weltbestseller wie Umberto Ecos *Der Name der Rose* (deutsch 1980) und Marion Zimmer Bradleys *Die Nebel von Avalon* (deutsch 1983) markieren den Anfang dieser Erfolgswelle. Die Zielrichtung der Buchgestalter hatte sich scheinbar von der linken (der analytischen) auf die rechte (die intuitive) Gehirnhälfte verlagert – »es wurde wärmer auf den Buchtischen«, wie es Lovenberg in ihrem bereits zitierten FAZ-Artikel formuliert.

Die erwähnten Titel zeigen: Irgendwann erzielt ein Verlag mit einem ungewöhnlichen Buch einen Erfolg und setzt damit einen Trend. Da der Erfolg auch mit dem Umschlag des Bestsellers verbunden wird, findet dessen gestalterische Grundidee sehr bald auch für Titel anderer Verlage Verwendung: Es kommt zu einer visuellen **Typisierung des Buchgenres**, wie es das Beispiel historischer Romane für Frauen belegt: Als Blickfang dient zumeist das Porträt einer historischen Figur, umrankt von einer opulenten Typografie und in kräftigen Farben dargeboten.

Von der genretypischen Gestaltung zur reinen Nachahmung ist es aber nur ein kleiner Schritt. Wer etwa die Vielzahl von Cecilia-Ahern-Cover-Imitationen betrachtet, die seit 2005 um Käuferinnen konkurrieren, bekommt schon leichte Zweifel, dass es sich hierbei wirklich nur um die visuelle Typisierung eines erfolgreichen Buchgenres handelt. Es scheint, als kalkulierten einige Anbieter der Nachahmerprodukte be-

Unter All-Age-Titeln werden Bücher verstanden, die sich sowohl an ältere Kinder und Jugendliche sowie an (vorwiegend jüngere) Erwachsene richten. Der erste als All-Age-Titel wahrgenommene Bestseller in Deutschland war *Sofies Welt,* Jostein Gaarders Roman über die Geschichte der Philosophie (deutsch 1993).

> **WEGE ZUR ZIELGRUPPENORIENTIERTEN UMSCHLAGGESTALTUNG**
>
> - **LESERABSTIMMUNG**   Der Carlsen Verlag ließ ab *Harry Potter* Band IV von der Illustratorin Sabine Wilharm jeweils zwei Cover-Varianten zeichnen und stellte diese zur Auswahl ins Internet. An der Abstimmung für Band VII nahmen fast 290 000 Fans teil.
>
> - **ALTERNATIVUMSCHLÄGE**   Verlage geben All-Age-Titeln unterschiedliche Cover, um so junge und ältere Zielgruppen anzusprechen. Auch hier war Carlsen mit dem Megaseller *Harry Potter* Vorreiter.
>
> - **ZUSATZVERPACKUNGEN**   Eine zusätzliche Verpackung kostet Geld, schafft allerdings Aufmerksamkeit – verhindert vielleicht aber auch die genauere Beschäftigung mit dem verpackten Buch. Beispiel: Die (wie früher in der DDR üblich) in Papier eingeschlagenen Bände der *DDR-Bibliothek* des Verlags Faber & Faber.

wusst einen Verwechslungseffekt zu ihren Gunsten ein. Mit der Ähnlichkeit steigt aber auch das **Risiko der Austauschbarkeit** – und damit für alle die Gefahr, in der Masse der Nachahmertitel unterzugehen.

Dass solche **Umschlag-Imitationen** besonders häufig (aber keineswegs ausschließlich) in der Unterhaltungsliteratur zu finden sind, hat damit zu tun, dass sich hier die Produkte selbst nur wenig von einander unterscheiden und die Marketingabteilungen der entsprechenden Ver-

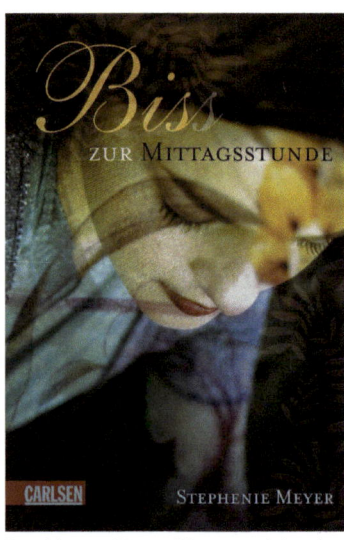

Umschlag von *Biss zur Mittagsstunde* (2007) 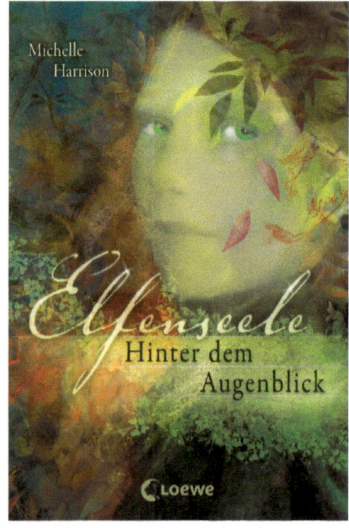   Me-too-Cover von *Elfenseele* (2009)

lage deshalb eine um 180 Grad gewendete Strategie verfolgen: Statt Alleinstellungsmerkmale zu bewerben, wird die Gemeinsamkeit mit anderen, bereits erfolgreichen Titeln betont – sowohl inhaltlich als auch äußerlich. Die Covergestaltungen der zahlreichen Vampirromane belegen dies: Sie wirken allesamt wie Nachfolger der *Bis(s)*-Bestseller-Serie aus dem Carlsen Verlag.

Was können Verlage tun, um erfolgreiche Buchumschläge zu kreieren? Sie sollten Profis den Job machen lassen, denn Bücherkäufer vermögen zwar häufig nicht genau zu formulieren, warum sie ein Umschlag anspricht oder ›kalt lässt‹, aber sie haben durchaus ein Gespür für Dilettantismus (wie falsche Proportionen oder unpassende oder schwer lesbare Schriften) und greifen unbewusst zum stimmigen Produkt. Verlage haben darüber hinaus die Möglichkeit, bei der Buchgestaltung stärker auf ihre Zielgruppen einzugehen, wie an drei Beispielen gezeigt werden soll.

›Kunst am Buch‹

Immer wieder setzen Verlage auf Kunst, um ihren Produkten Aufmerksamkeit zu verschaffen. Dass es sich bei den ausgewählten Umschlagmotiven meist um ältere Werke handelt, erklärt sich aus dem Urheberrecht: 70 Jahre nach dem Tode des Urhebers werden Kunstwerke in Deutschland gemeinfrei – und damit zu gern genutztem Material für Umschlaggestalter. So entstehen immer wieder Moden; mit ihnen steigt aber auch die Gefahr, dass gleich mehrere Novitäten einer Saison mit demselben (oder ähnlichen) Umschlagmotiv(en) auf den Markt kommen – Austauschbarkeit und Verwechslungsgefahr eingeschlossen.

Die Wirkung eines künstlerischen Titelbilds ist aber nur zu einem geringen Teil von der Prominenz des Künstlers abhängig. Es gibt eine ganze Reihe von Beispielen, bei denen sich ein treffend gewähltes Gemälde eines nur Fachleuten bekannten oder ganz in

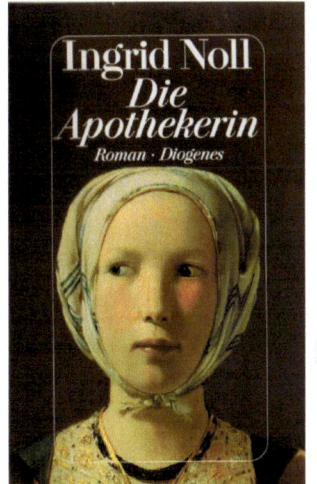

Umschlag der Erstausgabe von *Die Apothekerin* (1994)

Gemeinfreiheit liegt vor, wenn der Urheberrechtsschutz für ein schöpferisches Werk abgelaufen ist oder ein Werk nie urheberrechtlich geschützt war und es von jedermann ohne Zustimmung des Schöpfers bzw. seiner Erben honorarfrei genutzt werden kann.

Gemälde: Antoine Watteau, *Jupiter und Antiope* (Ausschnitt), 1714–1719, Musée du Louvre Paris.

links: *Das Parfum* (Umschlag der Erstausgabe, 1985)

Vergessenheit geratenen Malers scheinbar unauflöslich mit einem Buch verbunden hat und im Kopf von Literaturfreunden aufscheint, sobald nur der Romantitel erwähnt wird: *Das Parfum* von Patrick Süskind gehört dazu (mit dem Bild eines schlafenden, unbekleideten Mädchens, um 1715 gemalt von Antoine Watteau), ebenso *Die Apothekerin* von Ingrid Noll (mit dem ausdrucksstarken, wenn auch zum zeitgenössischen Inhalt unpassenden Porträt einer jungen Frau aus dem Gemälde *Die Wahrsagerin* von Georges de La Tour, gemalt in den 1630er Jahren).

Aufwändiger ist die **Zusammenarbeit mit lebenden Künstlern,** die von Verlagen in Ausnahmefällen gesucht wird (natürlich sind auch viele professionelle Umschlaggestalter Künstler, doch mit ihnen ist die Zusammenarbeit unkompliziert, da sie die Branche und ihre Gepflogenheiten kennen). Ein Beispiel ist der aus Dresden stammende Maler, Grafiker, Zeichner und Bildhauer A. R. Penck, der nicht nur einzelne Buchumschläge gestaltet hat (z. B. 1987 für die deutsche Erstausgabe von *Der Mann ist tot* des nigerianischen Literaturnobelpreisträgers Wole Soyinka), sondern auch eine Sonderedition mit den Abenteuern des Science-Fiction-Helden Perry Rhodan (fünf Bände in einer rot lackierten Holzkassette, 1993 unter dem Zsolnay-Label bei Pabel-Moewig erschienen).

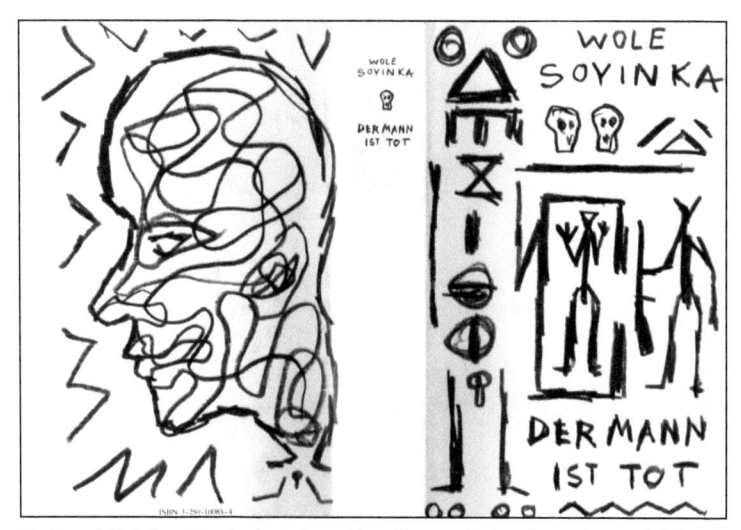

Der Mann ist tot: Umschlag der deutschsprachigen Erstausgabe (1987), gestaltet von A. R. Penck

Das (inzwischen in zwei verschiedenen Unternehmen aufgegangene) Bibliographische Institut / F. A. Brockhaus (BIFAB) entwickelte gar eine eigene Tradition in der Veröffentlichung von künstlerisch veredelten Lexikoneditionen: Den Anfang machte 1989 eine auf 1 800 Exemplare limitierte Ausgabe der 24-bändigen *Brockhaus Enzyklopädie*, deren Einbände der Wiener Künstler Friedensreich Hundertwasser nicht nur grafisch gestaltete, sondern durch ein speziell gewebtes Leinen mit geprägten Intarsien, Metallfolien, Farbschnitt und erhabener Veloursbeflockung weiter aufwertete. Durch den Hundertwasser-Erfolg bestärkt, legte BIFAB weitere Künstlereditionen auf – sowohl der großen *Enzyklopädie* (2000 von André Heller und 2007 von Armin Mueller-Stahl gestaltet), als auch kleinerer Lexikonausgaben (u.a. von Markus Lüpertz, James Rizzi und Udo Lindenberg). Andere Verlage (Bertelsmann, Weltbild) zogen nach.

Ziel dieser aufwändigen Projekte war neben erhöhter **Aufmerksamkeit** und einem **Imagegewinn** für den Verlag auch die Generierung von Zusatzumsätzen, nicht zuletzt dadurch, dass die Sondereditionen die Marke positiv aufluden und so den Absatz der Standardausgaben beförderten.

Einen anderen Weg hat Joachim Unseld beschritten: Er ließ die Neuerscheinungen des kleinen literarischen Programms seiner Frankfurter Verlagsanstalt jede Saison von einem anderen Künstler gestalten. Den Anfang machte 2006 die Düsseldorfer Malerin Karin Kneffel, größere mediale Aufmerksamkeit erzielte der Verleger aber erst 2009, als er den Star der jungen deutschen Kunstszene, Neo Rauch, für die Kooperation gewann. »Ein ästhetisches Ereignis«, vermeldete die Zeitschrift Vogue, »ein Gesamtkunstwerk« die Brigitte. Doch die Umschläge stießen auch auf Ablehnung – nicht zuletzt wegen der eigenwilligen Typografie in einer ›gebrochenen‹ Schrift (Fraktur). Unselds Buchhandelsvertreter, aber auch zahlreiche Buchhändler deklarierten die Novitäten kurzerhand als unverkäuflich. Peter Richter, Feuilletonredakteur der Frankfurter Allgemeinen Sonntagszeitung, hat die zugrunde liegende verlagstypische Denkweise 2009 folgendermaßen beschrieben:

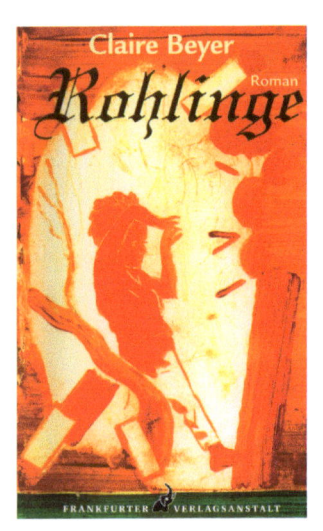

> »Der Weg eines Buches folgt heute einem nach unten delegierten Missverständnis: Der Verlag sagt: Das ist zu ungewöhnlich, das nehmen uns die Vertreter nicht ab. Die Vertreter schieben es auf die Händler, die auf die Leser. Es ist eine stafettenartig durchgereichte Einfältigkeitserklärung.« (Richter 2009)

Caire Beyer, *Rohlinge* (2009), Umschlaggestaltung Neo Rauch

Unseld zeigte sich jedoch nicht unzufrieden mit den Verkäufen, was Richters These stützt, dass Verlage dazu neigen, ihre Zielgruppe zu unterschätzen. Dies deckt sich auch mit den oben zitierten Ergebnissen der Umfrage von Kroehl aus dem Jahr 1984:

> »Neben der eindeutig dominanten Orientierungsfunktion und der Schutzfunktion tritt die ästhetische Funktion des Buchumschlags, nämlich das Buch gut aussehen zu lassen und ein eigenständiges Kunstwerk zu sein, zwar zurück, wird aber keineswegs abgelehnt.« (Kroehl 1984, 83)

Kalligrafie: Die Kunst des Schönschreibens per Hand (mit Feder, Pinsel u. a. Schreibwerkzeugen).

Ein für Buchumschläge naheliegendes und daher regelmäßig genutztes künstlerisches Gestaltungselement ist darüber hinaus die Kalligrafie. Auch wenn die meisten Buchumschläge von Bildern dominiert werden, gibt es immer wieder eindrucksvolle Beispiele, wie Aufmerksamkeit auch ohne Bilder oder mit nur sehr kleinen Bildelementen geschaffen werden kann. Eine tiefer gehende Betrachtung dieses Themas ist im Rahmen des vorliegenden Buchs nicht möglich, doch soll eine kleine Reihe außergewöhnlich erfolgreicher Schriftlösungen – nicht nur rein kalligrafischer, sondern auch typografischer Art – aus vier Jahrzehnten die suggestive Kraft solcher Umschlaggestaltungen verdeutlichen.

Zeittypische kalligrafische/typografische Buchumschläge

S. Fischer 1929
Alfred Döblin, *Berlin Alexanderplatz*
Umschlaggestaltung Georg Salter

S. Fischer 1950
Franz Kafka, *Der Prozess*
Umschlaggestaltung Martin Kausche

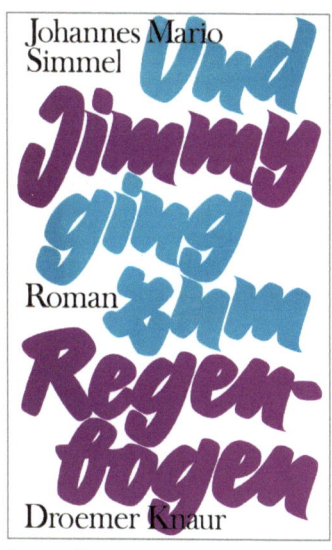

Droemer Knaur 1970
Johannes Mario Simmel, *Und Jimmy ging zum Regenbogen*
Umschlaggestaltung Fritz Blankenhorn

Kiepenheuer & Witsch 2005
Jonathan Safran Foer, *Extrem laut und unglaublich nah*
Umschlaggestaltung Jon Gray

Der Buchumschlag

»Ein gut gestalteter Buchumschlag«, postuliert Buchherstellerin Renate Stefan (2006, 106), »animiert dazu, ein bestimmtes Buch aus einer Masse von Büchern auszuwählen, es in die Hand zu nehmen und anschließend zu kaufen.« Diese Feststellung leuchtet ein – wird aber von Umfragen nicht gestützt. Ältere wie jüngere Leser erklären auf die Frage ob die Umschlaggestaltung sie beim Kauf eines Buchs beeinflusse, mehrheitlich, dass dies nicht der Fall sei (vgl. u. a. die Studien *50plus 2002* der GfK und *Teenager 2003* des Börsenvereins). Dies bedeutet aber nicht, dass die Attraktion, die von einem gut gestalteten Buch ausgeht, wirkungslos verpufft: Sie hilft dabei, dass ein bestimmtes Buch aus einer Masse von Büchern in die persönliche Auswahl genommen wird. Bei der Kaufentscheidung selbst geben dann andere Faktoren – wie Genre, Autor, Titel, Klappentexte – den Ausschlag.

4.3 Die Paratexte

Paratexte: Alle den eigentlichen Text ergänzenden Informationen. Dabei wird zwischen den Text umschließenden ›Peritexten‹ wie Überschriften, Fußnoten, Vorworten etc. und den Text außerhalb ergänzenden ›Epitexten‹ wie Interviews, Presse- und Werbetexten unterschieden.

Neben der äußeren Form und Verpackung bietet jedes Buch potenziellen Käufern auch textliche Informationen zu Autor, Inhalt und sonstigen Qualitäten, durch die es sich von Konkurrenzprodukten unterscheidet. Da der Haupttext, der eigentliche Gegenstand des Kaufs, erst durch die anschließende Lektüre erschlossen werden kann, spielen diese Zusatzinformationen auf dem Umschlag/Einband für den Kauf eine entscheidende Rolle. Sie werden in der Literaturwissenschaft Paratexte genannt. »Der Paratext ist also jenes Beiwerk, durch das ein Text zum Buch wird und als solches vor die Leser und, allgemeiner, vor die Öffentlichkeit tritt«, definiert der französische Literaturtheoretiker Gérard Genette (1992, 10). Die Rolle solcher Texte soll in diesem Unterkapitel näher betrachtet werden.

Titel

Die erste und wichtigste Marketing-Entscheidung eines Verlags ist die Wahl des richtigen Titels. Genette spricht in seinem Standardwerk *Paratexte. Das Buch vom Beiwerk des Buches* (deutsch 1992) von der »**Verführungsfunktion**«, die ein Titel habe. Dies gilt vor allem für fiktionale Literatur, ist aber auch für (populäre) Sach- und Fachbücher von Bedeutung: Da wird eine Abhandlung über 34 grundlegende philosophische Fragen zum Megaseller, weil Autor (Richard David Precht) und Verlag (Goldmann) ihr den einfallsreich-witzigen Titel *Wer bin ich – und wenn ja, wie viele?* gegeben haben. Da verkauft sich ein Buch (von Prof. Dr. rer. nat. Dr. med. habil. Gerald Hüther bei Vandenhoeck & Ruprecht) über die neuesten Erkenntnisse der Neurobiologie annähernd 100 000mal, weil es den verlockenden Titel *Bedienungsanleitung für ein menschliches Gehirn* trägt und tatsächlich auch locker und verständlich geschrieben ist. Denn auch Ehrlichkeit gehört zur richtigen Titelfindung: Die falschen Leser durch einen reißerischen Titel zum Kauf eines Buchs zu verführen, das sie dann überfordert oder langweilt, auf jeden Fall aber vom Verlag geschürte Erwartungen enttäuscht, ist kontraproduktiv, da sich diese Käufer frustriert abwenden.

Ein Autor wird mit allergrößter Wahrscheinlichkeit genau wissen, wie sein Buch heißen soll. Sein Titel ist vielleicht bei jahrelanger Arbeit am Manuskript gereift – trotzdem überzeugt er die Marketingfachleute in den Verlagen oft nicht. Sie orientieren sich an Trends und Konkurrenzprodukten und kommen dabei häufig zu anderen Titelvorschlägen. Wer setzt sich durch, wenn es zu einem Konflikt bei der **Titelfindung** kommt?

»Der endgültige Titel wird in Abstimmung zwischen Autor und Verlag festgelegt, wobei der Autor dem Stichentscheid des Verlages zu widersprechen berechtigt ist, soweit sein Persönlichkeitsrecht verletzt würde.« (Normvertrag, 1999, § 1 Abs. 2)

Diese Regelung im *Normvertrag* (1999, § 1 Abs. 2) setzt auf Konsens, gibt dem Verlag aber die letzte Entscheidung, da er das Marketing zu verantworten hat:

»Ausstattung, Buchumschlag, Auflagenhöhe, Auslieferungstermin, Ladenpreis und Werbemaßnahmen werden vom Verlag nach pflichtgemäßem Ermessen unter Berücksichtigung des Vertragszwecks sowie der im Verlagsbuchhandel für Ausgaben dieser Art herrschenden Übung bestimmt.« (Normvertrag 1999, § 3 Abs. 3)

Normvertrag: Erstmals 1978 geschlossene und mehrfach aktualisierte Rahmenvereinbarung zwischen Verlegern und dem Schriftstellerverband über gemeinsame Regeln für den Abschluss von Verlagsverträgen.

Doch ganz gleich, von wem die Idee für einen Buchtitel stammt: Es muss sichergestellt werden, das der geplante Titel nicht schon in Gebrauch ist. Derjenige, der einen Titel als erster verwendet, kann für ihn **Titelschutz** beanspruchen (Prioritätsrecht). Die wichtigsten Bestimmungen sind in der Übersicht auf Seite 102 aufgeführt.

Es gehört zu den Aufgaben von Lektorat oder Marketingabteilung, nicht nur die Schutzfähigkeit eines Titels zu prüfen, sondern rechtzeitig

Die Paratexte **101**

WICHTIGE REGELUNGEN BEIM TITELSCHUTZ VON BÜCHERN

RECHTLICHE GRUNDLAGE	Das **Markengesetz** (MarkenG) regelt seit 1995 in Deutschland den Schutz von Werktiteln von Druckschriften (Büchern, Presseerzeugnissen etc.), Bühnen-, Film- und Tonwerken.
SCHUTZFÄHIGKEIT	Voraussetzung für Titelschutz ist, dass der geplante Titel **Unterscheidungs- oder Kennzeichnungskraft** besitzt. Die Bezeichnung des Druckwerks muss etwas Besonderes, Individuelles an sich haben, darf sich also nicht auf die bloße Angabe des Inhalts oder des Gebiets, auf das sich die Publikation bezieht, beschränken (z. B. Wolkenkratzer oder New York).
VERKEHRSGELTUNG	Fehlt die Unterscheidungskraft, so entsteht der Titelschutz erst mit Erlangen der Verkehrsgeltung, also wenn sich ein Titel durch seine hohen **Bekanntheitsgrad** am Markt durchgesetzt hat.
INGEBRAUCHNAHME	Der Schutz beginnt ›automatisch‹ mit der Ingebrauchnahme des Titels, sofern der Titel unterscheidungskräftig ist. Es ist also **keine gesonderte Registrierung** durch den Verlag nötig.
PRIORITÄTSRECHT	Es gilt das sogenannte Prioritätsrecht: Der Titel ist für den geschützt, der ihn als erster in Gebrauch nimmt. Dies geschieht in der Regel mit der **Ankündigung** des Werks in der Verlagsvorschau.
TITELSCHUTZANZEIGE	Mit einer Titelschutzanzeige kündigt ein Verlag an, dass er eine Publikation unter einem bestimmten Titel herauszubringen beabsichtigt. Die Veröffentlichung der Titelschutzanzeige gilt schon als Schutz begründender Gebrauch, sofern das Werk zu diesem Zeitpunkt bereits in Vorbereitung ist. So wird eine **Vorverlegung des Titelschutzes** auf den Zeitpunkt der Titelankündigung erreicht.
DAUER	Der Titelschutz ist grundsätzlich **unbefristet**. Er endet erst mit der endgültigen Aufgabe des Gebrauchs z. B. durch Ausverkauf der Bestände und Streichen des Titels aus dem Verlagsverzeichnis oder wenn er mehr als fünf Jahre vergriffen ist.
DETAILS	Alle weiteren Informationen finden sich im **Merkblatt für Titelschutzfragen** des Börsenvereins, abzurufen unter: www.mvb-online.de/files/merkblatt_titelschutz_stand_august_2008.pdf

zu klären, ob er noch frei ist, also von niemand anderem genutzt wird. Wer dies versäumt und einen Titel verwendet, den bereits ein anderer Verlag in Gebrauch hat, verletzt dessen Titelrecht und kann auf Unterlassung verklagt werden. Im schlimmsten Fall muss ein bereits ausgeliefertes Buch vom Markt genommen werden – was erhebliche Kosten und negative Auswirkungen auf den Absatz zur Folge haben wird. Sofern keine böse Absicht erkennbar ist (ein Titel also nicht bewusst gewählt wurde, um durch die Verwechslung mit einem bereits auf dem Markt befindlichen Erfolgsprodukt den eigenen Verkauf zu fördern), einigen sich betroffene Verlage meist außergerichtlich. Dann werden in der Branchenpresse Anzeigen geschaltet, um die Buchhändler auf die Verwechslungsgefahr hinzuweisen. Die Kosten trägt der Titelschutzverletzer, der sich darüber hinaus verpflichtet, seinen Titel bei nächster Gelegenheit (der nächsten Auflage) zu ändern. Dies gilt im übrigen auch dann, wenn nicht derselbe Titel, sondern dasselbe Titelbild genutzt wurde.

Verwechslungs-Anzeige aus dem Börsenblatt

Um eine solche Titelschutzverletzung zu vermeiden, ist eine gründliche **Titelrecherche** notwendig. Dazu reicht es nicht, in das Verzeichnis Lieferbarer Bücher (VlB) zu schauen, denn für einen aktuell vergriffenen Titel kann eine Neuauflage in Vorbereitung sein (und damit der Titel noch in Gebrauch). Bibliografische Auskünfte erteilt auch die Deutsche Nationalbibliothek (DNB) in Frankfurt am Main und Leipzig, doch wie das VlB ist sie von den Titelmeldungen der Verlage abhängig und verzeichnet folglich längst nicht alle in Planung befindlichen Werke. Diese Lücke füllen professionelle Dienstleister wie Thomson Compumark oder MediaRegister, die im Gegensatz zu VlB und DNB auch die im Börsenblatt erschienenen Titelanzeigen sowie weitere medienübergreifende Quellen auswerten – denn auch ein Filmtitel ist geschützt und darf nicht ohne Lizenzerwerb für ein Buch verwendet werden.

Umschlag- und Klappentexte

Zu den Paratexten gehört auch die (Inhalts-)Beschreibung eines Buchs, die auf den Klappen des Schutzumschlags und bzw. oder auf der hinte-

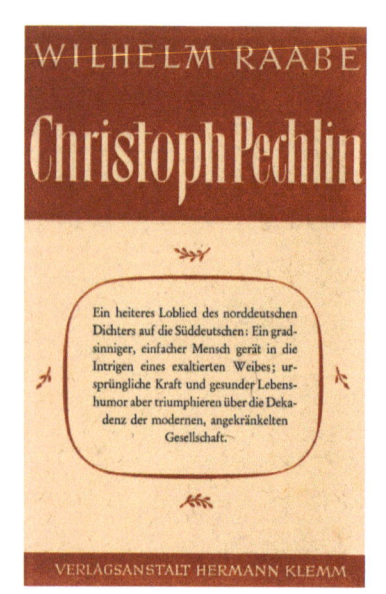

Umschlag (1920) mit Werbetext auf der U1

ren Umschlagseite, bei klappenlosen Taschenbüchern auch auf Seite 2, abgedruckt wird. Als erstes bekanntes Beispiel gilt ein Text des Verlegers Karl Robert Langewiesche (1874–1931) auf einer Auswahlausgabe der Werke von Thomas Carlyle aus dem Jahr 1904 (Gollhardt 1966). Damit wurde der Buchumschlag zur **Verkaufshilfe** – denn der Text wurde noch nicht auf der hinteren Umschlagseite oder den Klappen versteckt, sondern anstelle einer Abbildung auf der Vorderseite abgedruckt. Klappentexte haben verschiedene Funktionen. Sie sollen …

- interessierten und/oder unentschlossenen Buchkäufern einen knappen Überblick über den Inhalt des Buches geben,
- auch Buchhändlern zur schnellen Information dienen,
- das Besondere/Einzigartige des Buches herausstellen,
- über den Autor des Buchs und seine sonstigen Werke informieren
- sowie durch Pressestimmen oder Äußerungen von Prominenten (sog. #Testimonials) von der Qualität des Buchs überzeugen, um so eine positive Kaufentscheidung herbeizuführen.

Für die meist von der Marketingabteilung auf der Basis der vom Lektorat verfassten Vertreter- bzw. Vorschautexte formulierten Umschlag- und Klappentexte haben sich im Laufe der Zeit gewisse Standards herausgebildet. So ist es üblich, auf der Umschlagrückseite (U4) einen kurzen Teaser zu drucken, der neugierig macht. Dies kann ein frei formulierter Werbetext, ein aussagekräftiges Zitat aus dem Buch oder ein Testimonial sein. Näheres zum Inhalt findet der Kaufinteressent auf der vorderen Umschlagklappe, während die hintere meist der Information zum Autor (eventuell noch zum Übersetzer) vorbehalten ist. Manche Verlage nutzen sie allerdings auch für Empfehlungen von weiteren Titeln desselben Autors oder desselben Genres.

Überall dort, wo sich gewisse Gepflogenheiten herausgebildet haben, sind Regeln bzw. Erwartungen entstanden, die eingehalten/erfüllt werden sollten. Dies gilt auch für Umschlag- und Klappentexte, wie die nebenstehende Übersicht zeigt.

Teaser (von engl.: to tease = necken, reizen) bezeichnet ein kurzes Text- oder Bildelement, das zum Weiterlesen, -gucken, -hören oder -klicken animieren soll.

HÄUFIGE FEHLER BEIM ERSTELLEN VON KLAPPENTEXTEN

- **WIEDERHOLUNGEN** Nicht selten wird der U4-Text auf der Klappe wiederholt und zerstört damit jedes Interesse, sich weiter zu informieren.
- **TEXTUMLAUF** Das Umlaufen des Textes von der vorderen auf die hintere Klappe ist lästig und verhindert zudem, dass die hintere Klappe eigenständig zur Kenntnis genommen werden kann.
- **UNKLARHEITEN** Unklare Herkunft verwendeter Zitate bzw. die Verwendung von Zitaten weitgehend unbekannter Personen/Medien wirken alles andere als seriös und damit nicht verkaufsfördernd.
- **LÜCKENHAFTIGKEIT** Käufer wollen wissen, was den Autor dazu befähigt, sein Buch zu schreiben. Ungenügende Autoreninformationen missachten dieses Informationsbedürfnis. Gleiches gilt für ein fehlendes, sichtbar veraltetes oder abschreckend wirkendes Autorenfoto.
- **FEHLENDE QUELLEN** Unzureichende Angaben über das Umschlagmotiv können eventuell Urheber- oder verwandte Schutzrechte verletzen.

Abschließend soll noch kurz auf die Anforderungen an Verkaufsargumente eingegangen werden, die Verlage in ihrer Werbung einsetzen. Der Verlagsberater Jürgen Markoff (2005) hat auf der Basis von mehr als 1 000 analysierten Werbemitteln festgestellt:
- Mehr als 90 % aller Verlage verwenden identische oder ähnliche Werbeaussagen.
- Mehr als 80 % der allgemeinen Werbeaussagen bleiben einfach als Behauptung stehen. Eine Beweisführung, warum das Produkt beispielsweise »praxisnah« oder »aktuell« sein soll, findet nicht statt.
- Mehr als 70 % aller Werbemittel kommunizieren aus Sicht der Kunden keinen Nutzen.

Kommunikation von Nutzen ist aber nur möglich, wenn bei der Entwicklung des zu bewerbenden Produkts tatsächlich auch **nutzenorientiert gedacht** worden ist (z. B. durch Anfertigen eines Registers, das Einfügen von Verweisen, die Berücksichtigung von Praxisbeispielen etc.). Auch die beste Werbung kann kein Produkt verkaufen, das am Kundennutzen vorbei konzipiert wurde.

Verwendete und weiterführende Literatur

arsmundi: *Helmut Newton: Bildband »Sumo«*. Neujahrskatalog 2010
50plus 2002. Eine Studie der GfK Marktforschung
Genette, Gérard: *Paratexte. Das Buch vom Beiwerk des Buches* (stw 1510). Frankfurt am Main: Suhrkamp 1992
Gollhardt, Heinz: *Studien zum Klappentext*. In: Börsenblatt (Frankfurter Ausgabe) 78, 1966, 2101–2212
Groothuis, Rainer: *Wie kommen die Bücher auf die Erde? Über Verleger und Autoren, Hersteller, Verkäufer und: das schöne Buch. Nebst einer kleinen Warenkunde.* Köln: DuMont o.J. [2000], Neuausgabe 2007
Haslam, Andrew: *Handbuch des Buches. Konzeption, Design, Herstellung*. München: Stiebner 2007
Hiller, Helmut | Füssel, Stephan: *Wörterbuch des Buches*. 7. Aufl. Frankfurt am Main: Klostermann 2006
Kroehl, Heinz F.: *Buch und Umschlag im Test*. Dortmund: Harenberg 1984
Lohmüller, Anke: *Der Buchumschlag als Kommunikationsmittel. Semiotische und marktpsychologische Aspekte der Covergestaltung*. Saarbrücken: VDM 2008
Lovenberg, Felicitas von: *Auf dem Umschlagplatz*. In: Frankfurter Allgemeine Zeitung vom 21.8.2009
Markoff, Jürgen: *Raus aus der verbalen Ödnis. Austauschbare Werbung langweilt die Leser*. In: Börsenblatt 33, 2005, 20–22
Normvertrag für den Abschluss von Verlagsverträgen. Neue Fassung, gültig ab 1.4.1999. Hrsg. v. der Industriegewerkschaft Medien – Verband deutscher Schriftsteller – und dem Börsenverein des Deutschen Buchhandels e.V. – Verleger-Ausschuss
Rautenberg, Ursula | Wetzel, Dirk: *Buch* (Grundlagen der Medienkommunikation 11). Tübingen: Niemeyer 2001
Reclams Sachlexikon des Buches. Hrsg. v. Ursula Rautenberg. Stuttgart: Philipp Reclam jun. 2003
Rehberg, Dörte: *Das besondere Buch. Der Buchkörper als Marketinginstrument in Zeiten verschärfter Medienkonkurrenz* (Stuttgarter Beiträge zur Verlagswirtschaft 4). Stuttgart: Hochschule der Medien 2010
Richter, Peter: *Das ungeliebte Meisterwerk*. In: Frankfurter Allgemeine Sonntagszeitung vom 27.9.2009
Schauer, Georg Kurt: *Kleine Geschichte des deutschen Buchumschlages im 20. Jahrhundert*. Königstein im Taunus: Langewiesche 1962
Stefan, Renate | Rothfos, Nina | Westerveld, Wim: *U1. Vom Schutzumschlag zum Marketinginstrument*. Mainz: Hermann Schmidt 2006
Teenager – Käufernachwuchs im Buchhandel. Ergebnisse der Jugendstudie des Börsenvereins des deutschen Buchhandels 2003
UNESCO (United Nations Educational, Scientific and Cultural Organization): Revised Recommendation. Sofia: 1.11.1985
Zur Westen, Walter von: *Der künstlerische Buchumschlag: Deutschland*. In: Zeitschrift für Bücherfreunde 3, Heft 1, April 1899, 1–3

5 Endkundenmarketing

Während das Handelsmarketing der Verlage auf die Buchhändler zielt, stehen beim Endkundenmarketing die Käufer/Leser selbst im Fokus. Sind diese bei Fach- und Special Interest-Verlagen meist klar zu beschreiben, fällt das bei General Interest-Verlagen schwer: Schließlich veröffentlichen diese, im Deutschen **Publikumsverlage** genannten Unternehmen ein vielfältiges literarisches und Sachbuchprogramm, das unterschiedlichste Zielgruppen anspricht.

> Special-Interest-Verlage richten sich – anders als Publikumsverlage sowie wissenschaftliche und Fachverlage – an die Zielgruppe besonders interessierter und sachthematisch kundiger Leser ohne ein primär berufliches Interesse an den entsprechenden Themenbereichen.

Allerdings bekommen die Verlage beim Endkundenmarketing Unterstützung, denn viele ihrer absatzpolitischen Maßnahmen setzen sie in Kooperation mit dem verbreitenden Buchhandel um. Natürlich gibt es auch Marketingaktivitäten, die der Verlag allein initiiert und die den Endkunden direkt ansprechen (s. Pull-Marketing in Kap. 1.3), erfolgversprechend sind solche Aktivitäten aber nur, wenn der Kunde dann im Handel auch auf die beworbenen Produkte stößt, Handels- und Endkundenmarketing also aufeinander abgestimmt sind.

Festgehalten werden muss aber auch, dass Verlage und Buchhändler zwar – von außen betrachtet – dasselbe Ziel verfolgen, nämlich möglichst viele Bücher und andere Medien zu verkaufen, in der Praxis aber durchaus gegenläufige Interessen haben – denn Buch ist nicht gleich Buch: Buchhändlerischer Umsatz ist aus der spezifischen Sicht eines Verlags nur dann relevant, wenn er mit Produkten aus dem eigenen Programm erzielt wurde. Die Übersicht auf der folgenden Seite verdeutlicht die unterschiedliche Interessenlage.

Diese divergierenden Interessen suchen Verlage dadurch zusammenzuführen, dass sie sich selbst als Partner des Handels profilieren, indem sie möglichst effektive Verkaufsförderung betreiben und den Point of Sale (PoS) in ihrem Marketing besonders beachten. Er wird zum Schnittpunkt des gemeinsamen Interesses, Umsatz zu generieren – und damit vom Verkaufsort für Bücher zum Showroom von Verlagen.

DIVERGIERENDE INTERESSENLAGE ZWISCHEN VERLAGEN UND HÄNDLERN

VERLAG	(BUCH-)HÄNDLER
möglichst starke Präsenz des eigenen Programms im Handel	möglichst breites und attraktives Sortiment verschiedener Anbieter
Präsentation der vollständigen Produktpalette des Verlags (Novitäten + Backlist)	Konzentration auf neue, ›schnell drehende‹ und Image-Titel
Generierung von Wiederholungskäufen im Sinne von weiteren Büchern des Verlags (an welchem Ort auch immer)	Generierung von Wiederholungskäufen in der speziellen Buchhandlung (von welchem Verlag auch immer)
Verankerung der Verlagsmarke beim Endkunden	Verankerung der Handelsmarke (z. B. Thalia, Osiander etc.) beim Endkunden

5.1 Anzeigenwerbung

Das am meisten genutzte Mittel der Endkundenwerbung ist weiterhin die **Printanzeige,** auch wenn die Online-Werbung zunehmend an Bedeutung gewinnt. Als Werbeträger dienen branchen- und unternehmensbezogene Kundenzeitschriften sowie die sonstigen Werbematerialien des verbreitenden Buchhandels. Darüber hinaus werden – je nach Zielgruppe und Werbebudget – Tages- und Wochenzeitungen, Zeitungssupplements, Publikums- und Fachzeitschriften genutzt. **Fernseh- und Hörfunkwerbung** spielen für Bücher eine eher geringe Rolle, im ersten Fall, weil die Kosten die Marketingbudgets der meisten Verlage sprengen wür-

Großflächenwerbung für Bücher. © Network!

WIRKUNGSEFFEKTE DER ANZEIGENWERBUNG

- **TRICHTEREFFEKT** Zwischen 2 000 und 3 000 Werbebotschaften wirken täglich auf einen Mitteleuropäer ein. Maximal 20 davon werden bewusst wahrgenommen, 5 bis 6 wecken Interesse, nur 2 bis 3 lösen im Kopf etwas aus.

- **BLITZEFFEKT** Eine Anzeigenseite wird im Schnitt nicht länger als zwei Sekunden betrachtet, ein Plakat noch kürzer. Doppelseitige Anzeigen werden überproportional länger betrachtet, Farbanzeigen sind solchen in Schwarzweiß überlegen.

- **VAMPIREFFEKT** Die höchste Aufmerksamkeit erreicht Werbung mit einer berühmten Persönlichkeit (Celebrity Testimonial). Allerdings besteht dabei die Gefahr, dass das beworbene Produkt/die beworbene Marke hinter der werbenden Person verschwindet.

- **TARNEFFEKT** Redaktionelle Werbetexte (Advertorials) werden zwar von jüngeren und überdurchschnittlich gebildeten Lesern kritisch gesehen, wirken aber insgesamt stärker als reine Anzeigenwerbung. Voraussetzung ist, dass sie optisch an das redaktionelle Erscheinungsbild des Werbeträgers angepasst sind.

> Celebrity Testimonial: Werbliche Aussage einer bekannten Person. Immer mehr Unternehmen setzen Prominente (Celebrities) als Markenfürsprecher ein, um die Bekanntheit eines Produkts zu steigern und das Markenimage zu profilieren.

den, im zweiten, weil Verlage offenbar der Werbewirkung des nur gesprochenen Wortes misstrauen. Wieder verstärkt eingesetzt wird die **Außenwerbung**, seit City Light Boards und Mega Lights, also kleine und große beleuchtete Werbeflächen, im Straßenbild deutlich höhere Aufmerksamkeit versprechen als das traditionelle Plakat an der Litfasssäule oder auf der Wandtafel.

5.2 Direktmarketing

Die direkte, persönliche Ansprache des Endkunden ohne zwischengeschaltete Stufen birgt für Buchverlage einiges Konfliktpotential, denn sie kann als Voraussetzung für die Direktbelieferung, also den Direktvertrieb des Verlags unter Umgehung des verbreitenden Buchhandels, dienen. In solchen Fällen entstehen leicht **Distributionskanalkonflikte**, da die verschiedenen Vertriebskanäle miteinander um Umsatzanteile konkurrieren. Vor allem der Bucheinzelhandel reagiert deshalb empfindlich auf Bestrebungen, an ihm vorbei Umsätze zu generieren. Verlagen kann dies nicht gleichgültig sein, sind doch die stationären Buchhandlungen immer noch der mit großem Abstand wichtigste Vertriebskanal für Bücher (Umsatzanteil: fast 50%).

Wie ist es dann aber zu erklären, dass annähernd 20% des buchhändlerischen Umsatzes in Deutschland im Direktvertrieb gemacht werden – Tendenz steigend? Verantwortlich dafür sind vor allem Special Interest- sowie wissenschaftliche und Fachverlage, die ihre oft sehr kleinen Zielgruppen genau kennen und daher gezielt ansprechen können. Genutzt werden dafür u.a. die Adressen der Abonnenten der vielen Fachzeitschriften, die in den Fachverlagen erscheinen.

So kommt es in diesem Bereich faktisch zu einem Parallelvertrieb: direkt durch die Verlage und indirekt über den Buchhandel. Die Reibungspunkte sind klein, da es einen konkurrierenden stationären Fachbuchhandel oft nur noch in den Metropolen gibt. Der Direktvertrieb lohnt sich für die Verlage gleich doppelt: Er erhöht Absatz und Verlagsumsatz, da keine Händlerrabatte anfallen.

Auch die Vielzahl kleiner Verlage mit geringer Buchhandelspräsenz beliefert ihre Kunden meist direkt. Bei Publikumsverlagen hingegen beschränkten sich die Direktmarketing-Aktivitäten lange Zeit auf **Mailing-Aktionen:** Endkunden wurden nicht nur mittels Streuprospekten oder Anzeigen mit Antwortmöglichkeiten aufgefordert, ihre Bestellungen direkt an den Verlag zu richten – Verlage nutzten zudem die durch Preisausschreiben oder sonstige Endkundenkontakte gewonnenen Adressen, um ihre Kunden direkt zu informieren. Wie klassische Versandbuchhändler forderten sie zur Direktbestellung beim Verlag auf, auch wenn die eingehenden Bestellungen dann über eine Versandbuchhandlung abgewickelt wurden, um nicht zu offensichtlich im Revier des Bucheinzelhandels zu wildern. Wobei der einbezogene Versender zwar stets einen eigenen Namen trug, aber keineswegs immer eine selbstständige Fremdfirma war – nach außen blieb so der Schein gewahrt.

All dies hat sich durch das Internet gewandelt: Die direkte Kundenansprache per Newsletter und ein eigener Online-Shop ermöglichen den Verlagen heute völlig neue Beziehungen im B2C-Geschäft – und diese werden extensiv für den Direktvertrieb genutzt; mehr dazu in Kap. 6.1.

5.3 PoS-Marketing der Verlage

Das Verständnis von Buchhandlungen als ›Showrooms‹ der Verlage macht auch die Konkurrenzsituation deutlich, in der Verlage am Point of Sale stehen. Da sie in der Regel keine Exklusivität genießen, stehen ihre Produkte in direkter räumlicher und inhaltlicher Konkurrenz zu den Angeboten anderer Verlage. Verlags-Outlets, die exklusiv die Bücher einer Verlagsgruppe anbieten, gibt es aufgrund der geringen Markenbindung der Leser in Deutschland kaum. Zu den Ausnahmen gehören Taschen in Hamburg und Köln, die ADAC-Geschäftsstellen für den ADAC-Verlag sowie ›Verlagsbuchhandlungen‹ wie die von Kosmos in Stuttgart. Pop-up-Stores wie der des Suhrkamp-Verlags in Berlin, in dem im Frühjahr/Sommer 2010 hundert Tage lang ausschließlich alle 2 613 Titel aus 47 Jahren edition suhrkamp präsentiert wurden, sind zeitlich begrenzte Marketing-Aktionen, die mediale Aufmerksamkeit erzielen sollen.

Werbeplakat für den Metrolit Pop-up Store während der Leipziger Buchmesse. © Aufbau

Pop-up-Stores sind nur temporär (für wenige Tage, Wochen oder Monate) geöffnete Läden. Vor allem Modelabel wie Comme des Garçons, Louis Vuitton oder Adidas nutzen solche improvisierten Verkaufsstellen, um ins Gespräch zu kommen.

Aufgabe des PoS-Marketings der Verlage ist es daher, potenzielle Kunden durch den Einsatz von Werbemitteln und -maßnahmen zum Kauf der eigenen Produkte zu bewegen und damit Markenloyalität aufzubauen. Kritisch zu sehen ist bei all diesen Aktivitäten aber die Frage der Effizienz: Sobald der Verlag die Verteilung seiner Werbemittel einem Dritten – dem Buchhändler – übergibt, verliert er die Kontrolle über deren sinnvollen Einsatz. Mögliche Folgen sind bereits in Kap. 3.6 angesprochen worden.

Verkaufshilfen wie **Displays** (Warenträger, Großverpackungen und Präsenter) tragen in der Regel Aufdrucke, die auf den Verlag, eine Reihe oder einen bestimmten Titel hinweisen. Meist sind sie aus Pappe, werden bereits für den Transport größerer Stückzahlen (# Partien oder anderer Verkaufseinheiten) genutzt und müssen – ähnlich wie im übrigen Einzelhandel – nur geöffnet und platziert werden. Sind sie aus hochwertigem Material (wie Acrylglas oder Metall), muss der Buchhändler eine bestimmte Mindestmenge an Ware abnehmen oder sich sogar an den Herstellkosten beteiligen, um in den Besitz der ebenso attraktiven wie robusten Verkaufsmöbel zu gelangen. Vielfach finden sich solche Verkaufshilfen (z. B. Drehständer) in inhabergeführten Buchhandlungen, wo sie in der Regel Titel der unterschiedlichsten Verlage beinhalten und ins feste Aktionsmobiliar des jeweiligen Buchladens eingegangen sind, obwohl sie meist ›gebrandet‹ sind, also Aufdrucke bestimmter Verlage, Reihen o. Ä. tragen. Großbuchhandlungen und Filialisten hingegen, die auf die Allgegenwart der eigenen Marke achten, verbannen solche ›Trojaner‹ konsequent von ihren Verkaufsflächen.

Gleiches gilt für **Plakate, Aufsteller und Deckenhänger**, die Verlage für Spitzentitel produzieren und an den Buchhandel verteilen. Während Filialisten von diesen Angeboten eher selten Gebrauch machen, nutzen kleinere und mittlere Buchhandlungen diese oft gelungenen Blickfänger gern als kostenloses Dekorationsmaterial – allerdings fehlt ihnen häufig der Platz, um in ihrer Buchhandlung mehr als einige wenige, oft mehr nach persönlichem Geschmack als nach verkaufsfördernder Wirkung ausgewählte Werbematerialien einzusetzen. Dies führt dazu, dass die Zahl der angebotenen Werbemittel sinkt, auch wenn kaum ein Verlag gänzlich darauf verzichten mag.

Wirkung zeigen diese Werbemittel in einer großen, bunten Buchhandlung mit unglaublich vielen optischen Reizen für den Kunden sicher nur dann, wenn ein Wiedererkennungseffekt ausgelöst wird, der Kunde das Motiv also bereits durch sonstige Werbeaktivitäten (z. B. Anzeigen) kennt und im Laden lediglich noch daran erinnert bzw. zum gesuchten Produkt geführt werden muss.

Darüber hinaus kommt noch eine Vielzahl kleinerer Werbemittel wie **Lesezeichen und Leseproben, Gesamtverzeichnisse und Sonderprospekte** zum Einsatz, die von den Verlagen vorwiegend über den Handel gestreut werden – wohin und an wen auch immer, denn dazu erhält der Absender keine Rückmeldung. Auch wenn viele Buchhandlungen solche Informationsangebote der Verlage schätzen und sie an der Kasse oder über ein eigenes Regal verteilen, ist die Erfolgsmessung für die Verlage äußerst schwierig. Unklar bleibt schon, ob die Materialien überhaupt bis zum Endkunden gelangt oder aber bei einer Aufräumaktion vom Buchhändler mit dem Altpapier entsorgt worden sind. Allerdings gibt es – eher aufwändige – Möglichkeiten zur Messung des Erfolgs solcher Werbemaßnahmen:

Hinkelstein-Display von Ehapa als Blickfang. Foto: Maria Ebert

»Am überzeugendsten gelingt dies noch, wenn ein direktes Feedback der Werbegemeinten möglich ist, wie z.B. bei Preisausschreiben, Info- und Bestellcoupons, Verkaufsmessen und -präsentationen, Aktionen am Verkaufspunkt.« (Bramann u. a. 1999, 181)

Die Responsequoten sind bei unpersönlich verteilten Aktionen allerdings meist gering (im unteren einstelligen Prozentbereich), ganz gleich, was als Gewinn ausgelobt wird. Bücherpakete ziehen jedenfalls nicht sonderlich, es muss schon etwas Besonderes sein, das sich in der Konkurrenz mit den zahlreichen sonstigen Preisausschreiben für Konsumgüter und Dienstleistungen aller Art behaupten kann – z. B. ein Besuch beim Autor oder eine Reise an den Schauplatz eines Bestseller-Romans, am besten kombiniert mit einer Begegnung mit dem Autor vor Ort.

Responsequote, auch Antwort- oder Rücklaufquote: Verhältnis von Kundenreaktionen zu ausgesandten Werbeimpulsen bei Direktmarketingaktionen (wie Prospekten, Mailings etc.).

Warum gibt es trotzdem so viele Preisausschreiben? Die Antwort ist einfach: Verlagen und anderen Unternehmen geht es dabei um die **Generierung von Kundenadressen,** die sie anschließend für Direktmarketingaktivitäten nutzen können. Bei einem 50000mal verteilten Prospekt und einer Rücklaufquote von (durchaus realistischen) 2% erhält der Verlag dank des Gewinnspiels immerhin 1000 qualifizierte Adressen buchaffiner Kunden, die er fortan direkt anschreiben und für den Kauf seiner Produkte gewinnen kann.

Zu den Aktionen am Verkaufspunkt (PoS) gehören vom Verlag angebotene und in den Buchhandlungen durchgeführte Veranstaltungen, die Kunden anziehen sollen. Dabei kann es sich um klassische Autorenlesungen handeln oder um den Auftritt von Ratgeber-Autoren, die Schminktipps geben, Köchen, die vor Publikum ihre Rezepte zubereiten, oder kostümierten Kinderbuch-Charakteren wie Ravensburgers Leserabe, die Kinder (und damit deren Bücher kaufende Eltern) in den Laden ziehen. Für Verlag und Buchhandlung sind solche Aktionen, sofern sie gut vorbereitet und auch öffentlich angekündigt werden (was in der Praxis keineswegs immer der Fall ist), zwar werbewirksam, aber auch zeit- und kostenintensiv und werden daher von Verlagsseite meist kontingentiert.

Zu den erfolgreichsten verkaufsfördernden Maßnahmen von Verlagen zählen **Lesungen,** bei denen ein oder mehrere Autor(en) oder Schauspieler (und/oder auch der Übersetzer eines fremdsprachigen Werks) in einer Buchhandlung oder auch an einem anderen, vom Verlag oder einer Buchhandlung angemieteten Ort aus Werken vortragen. Solche Veranstaltungen können sehr puristisch sein, sich also auf den reinen Vortrag beschränken, sie können aber auch um ein (moderiertes)

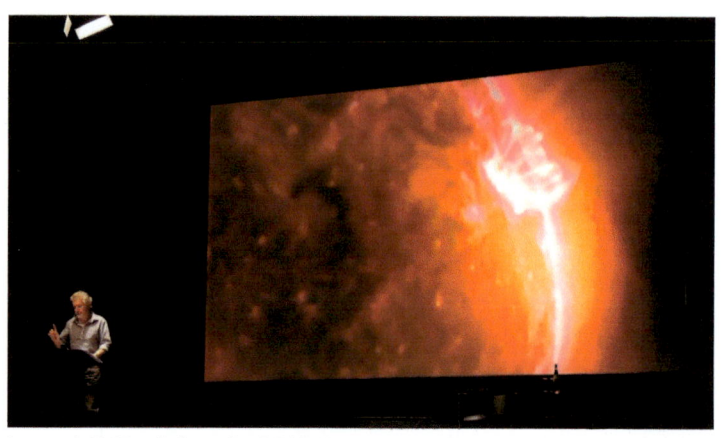

Lesung als Multimedia-Event: Frank Schätzing 2009 im Kölner Tanzbrunnen. Foto: Thomas Bitter

Publikumsgespräch ergänzt oder gar zu Multimedia-Shows ausgestaltet werden. Abhängig vom Bekanntheitsgrad des Autors und dem Performancecharakter finden solche Veranstaltungen inzwischen auch in großen Sälen statt, die rasch ausverkauft sind. Beispiele für Autoren, die große Veranstaltungsräume füllen, sind Bastian Sick *(Der Dativ ist dem Genitiv sein Tod)* und Axel Hacke *(Der weiße Neger Wumbaba)*, für beliebte Vor-Leser der Synchron- und Hörbuchsprecher Christian Brückner sowie der Übersetzer und Kolumnist Harry Rowohlt. Einer der Ersten, der seine Lesungen als Multimedia-Event inszenierte, war Frank Schätzing mit seinem Megaseller *Der Schwarm*.

Viele Verlage teilen den Buchhändlern bereits mit dem Versand der Vorschauen mit, welche Autoren ihrer Neuerscheinungen für Lesungen zur Verfügung stehen. Ferner unterstützen sie die Veranstalter auf vielfältige Weise: Oft übernehmen sie die Reisekosten (Unterkunft und Verpflegung muss dann der Buchhändler bezahlen, dem allerdings auch die Eintrittsgelder zufließen), stellen (besonders bei ausländischen Autoren ohne Deutschkenntnisse) einen Marketingmitarbeiter als Übersetzer/Moderator ab, beliefern den Buchhändler mit Bücherpaketen zu Vorteilskonditionen (Aktionsrabatten, vollem #Remissionsrecht etc.) und beteiligen sich gelegentlich auch an flankierenden Werbemaßnahmen.

Erfolgreiche Lesungen erfüllen gleich mehrere Funktionen: Sie bringen Autor und Buch ins Gespräch, fördern den Absatz der beworbenen Titel sowie die Bindung der Besucher an die veranstaltende Buchhandlung und schaffen den Autoren Felder, auf denen sie die Früchte ihrer teils jahrelangen Schreibarbeit ernten: die Aufmerksamkeit und Anerkennung ihrer Leser. So sind Lesungen bei Autoren gleichermaßen verhasst wie beliebt: Eine längere Lesereise nach Erscheinen eines neuen Buchs bedeutet Mühsal und Monotonie – denn man lebt aus dem Koffer, liest überall dieselben Passagen und beantwortet nahezu identische Fragen des Publikums. Aber sie stellt auch eine direkte Verbindung zu den Lesern her und vermitteln dem Autor deren unmittelbare Reaktionen. Nicht alle ertragen dies – aber Autoren, die gern und gut lesen, sind für jeden Verlag ein ›Marketinginstrument‹, das höchst erfolgreich eingesetzt werden kann.

Abschließend erwähnt seien noch die lokalen **Bücherschauen** als klassische Präsentationsmöglichkeiten für Verlage. Die ein- bis dreiwöchigen Veranstaltungen u.a. in München, Stuttgart und Karlsruhe bieten potenziellen Lesern Gelegenheit, anders als auf den Messen in Frankfurt am Main oder Leipzig ungestört in Büchern zu stöbern. Zudem ist der Eintritt meist kostenlos oder sehr preiswert, was auch für große Teile des Begleitprogramms gilt. Für die Verlage sind die niedrigen Standgebühren sowie die Tatsache, kein eigenes Personal abstellen zu müssen, Argumente für die Teilnahme. Außerdem lassen sich hier Autoren platzieren, denen noch die Zugkraft für die großen Bühnen fehlt.

Buchwochen Stuttgart. Foto: Ulrich Huse

5.4 Marketing des Sortimentsbuchhandels

Wie bereits erwähnt, erfolgt das PoS-Marketing der Verlage in enger Abstimmung mit dem Sortimentsbuchhandel, der die Flächen betreibt, auf

Blickfang: Empfehlungen der Buchhändler bei Herwig in Göppingen. Foto: Maria Ebert

denen sich Bücher und ihre Käufer/Leser in der realen Welt begegnen. Auch ein kulturell ambitionierter Buchhändler ist ein Unternehmer, dessen Ziel die Steigerung – oder zumindest Sicherung – seines Umsatzes ist, wobei das Hauptziel vor allem in der Vergrößerung der Rendite besteht. Ob der Weg zur Erreichung dieses Ziels aber über das Sortiment (besondere Breite oder Tiefe) führt, auf Dienstleistungsangebote (die kompetenteste Beratung, den besten Beschaffungsservice) setzt oder das Ambiente (die übersichtlichste Präsentation, das netteste Buch-Café) betont, ist eine Marketingentscheidung. Sie ist abhängig von den konkreten Voraussetzungen – der Kapitalkraft, der Mitarbeiterqualifikation oder den Räumlichkeiten – der jeweiligen Buchhandlung.

Der entscheidende **Erfolgsfaktor** bleibt aber **der zufriedene Kunde**, der seine Buchhandlung als ›Wohlfühlort‹ erlebt und deshalb gern dort einkaufen geht – und nicht zum Online-Buchhändler abwandert.

Im Folgenden werden kurz die wichtigsten Instrumente der Kommunikationspolitik des Bucheinzelhandels vorgestellt. Natürlich spielen, wie bereits angedeutet, auch das Was (bietet die Buchhandlung an Produkten und Serviceleistungen an) und das Wie (werden die Produkte und Leistungen vertrieben und zu welchen Konditionen) eine wichtige Rolle, doch können diese Aspekte im Rahmen eines Buchs über Verlagsmarketing nicht weiter betrachtet werden (vgl. dazu z.B. Bramann/Hoffmann/Lange 2008).

Im Gegensatz zu Verlagen, die 6 bis 8% vom Nettoverlagsumsatz in Werbung investieren – bei größeren Publikumsverlagen durchaus auch 10 bis 15% –, verfügt der Bucheinzelhandel über weitaus geringere Werbeetats. Entsprechend bescheidener fallen seine Werbeaktivitäten aus, wobei auch hier gilt: Die Großen (Filialisten) zeigen deutlicher Flagge als die unabhängigen Klein- und Vorstadtbuchhandlungen, die fehlende Mittel durch persönlichen Einsatz und Kreativität auszugleichen suchen. Finanziert werden die Marketingaktivitäten des Sortimentsbuchhandels zu einem nicht unerheblichen Teil von den Verlagen. Dies geschieht durch die Schaltung von Anzeigen in den Werbemitteln der Buchhandlungen, aber auch durch teils erhebliche **Werbekostenzuschüsse (WKZ)**, mit denen sich Verlage eine besondere Berücksichtigung ihrer Produkte im Handel erkaufen.

Die wichtigsten Werbemaßnahmen des Bucheinzelhandels sind Kundenmagazine, Gemeinschafts- und Direktwerbung. Eigene Anzeigen spielen dagegen eine geringe Rolle und werden meist nur (als ›Erinnerungswerbung‹) zur Imagebildung oder zu besonderen Ereignissen (Firmenjubiläen, Veranstaltungen u. Ä.) geschaltet.

WKZ: Sammelbegriff für Vergünstigungen (Sonderkonditionen, Geldzuwendungen etc.), die Hersteller (Verlage) dem Handel gewähren, damit dieser Produkte des Herstellers bei seinen Werbe- und Verkaufsförderungsmaßnahmen besonders hervorhebt.

Kundenmagazine

Als Teil des #Corporate Publishing, also der Unternehmenskommunikation, können sich Kundenmagazine sowohl an Geschäftskunden (B2B) als auch an Privatkunden (B2C) richten. Optisch ähneln sie Publikumszeitschriften, unterscheiden sich aber durch ihren Charakter als **Auftragskommunikation,** deren Zweck die Selbstdarstellung des Unternehmens ist. Es wird zwischen unternehmensbezogenen und branchenbezogenen Kundenzeitschriften unterschieden; im Bucheinzelhandel finden sich beide Ausprägungen, in anderen Branchen hingegen sind die unternehmensbezogenen Kundenzeitschriften deutlich weiter verbreitet.

Unternehmensbezogene Kundenmagazine werden von einzelnen Unternehmen, Verbänden oder Organisationen herausgegeben, die

Kundenzeitschrift von Hugendubel

sämtliche Kosten und Risiken tragen, dafür aber auch allein über Inhalte und Aufmachung entscheiden. Die Magazine erscheinen in regelmäßigen Abständen und werden kostenlos an Kunden und/oder Geschäftspartner abgegeben. Um eine eigene Publikation realisieren zu können, ist eine gewisse Auflagenhöhe notwendig, die bei den drei größten Buchhandelsketten durch die Vielzahl ihrer Filialen (zwischen 50 und 420) gewährleistet wird. Dort gibt es exklusiv das Thalia Magazin, büchermenschen (DBH/Hugendubel) und M Aktuell (Mayersche). Refinanziert werden die Magazine mit Anzeigenerlösen, denn eine Aufnahme in diese Werbemittel muss von den Verlagen – wie bei Kundenmagazinen üblich – gekauft werden.

Auch Verlage nutzen diese Möglichkeit und geben eigene Kundenmagazine heraus, die kostenlos über den Bucheinzelhandel verteilt werden. Dazu gehören auch jährlich erscheinende Verlagsalmanache wie die *Zwiebel* (Verlag Klaus Wagenbach), die eine wichtige Rolle für die Kundenbindung spielen. Bei Auflagen bis zu einer halben Million (wie bei der rowohlt revue) hinterlassen solche Aktivitäten allerdings tiefe Spuren im Marketingbudget, und so verwundert es nicht, dass Verlage wie Rowohlt inzwischen ganz auf die E-Paper-Version setzen und auf die kostspielige Printausgabe verzichten.

Darüber hinaus gibt es unternehmensbezogene **Partner-Kundenzeitschriften**, die von Dienstleistern (Werbe- und PR-Agenturen) wie

Gebrandete Kundenzeitschrift buchSzene   Krimizeitung des Gmeiner-Verlags

Gebrandete Kundenmagazine: buchjournal und buch aktuell (mit individuellem Umhefter)

Buchwerbung der Neun (buchSzene und Lesewelten) und Harenberg Kommunikation (die neuen bücher und ecco) konzipiert, realisiert und vertrieben werden. Diese Magazine bieten Buchhandlungen verschiedene Möglichkeiten der Selbstdarstellung z. B. durch die Individualisierung von Umschlag und einigen Innenseiten im Corporate Design des jeweiligen Buchhändlers. Damit dasselbe Werbemittel nicht von konkurrierenden Buchhandlungen eingesetzt wird, kann ›Ortsexklusivität‹ vereinbart werden.

Ganz ähnlich werden auch **branchenbezogene Kundenzeitschriften** von Dienstleistern produziert, die das wirtschaftliche Risiko tragen. Sie finanzieren die Magazine durch Anzeigen und den Verkauf an den Fachhandel, der sie kostenlos an seine Endkunden abgibt. Für den Bucheinzelhandel gibt es zwei solche Magazine: buchjournal, herausgegeben von der MVB Marketing- und Verlagsservice des Buchhandels GmbH des Börsenvereins, und buch aktuell, das in der zur Spiegel-Gruppe gehörenden Harenberg Kommunikation erscheint. Beide Magazine nennen eine Druckauflage von mehr als 300 000 Exemplaren für ihre sechs bzw. vier Ausgaben pro Jahr.

In beiden Fällen ist das Geschäftsmodell ähnlich: Die abgedruckten PR-Beiträge werden von Redakteuren erarbeitet und mit den Auftraggebern (also den Verlagen) abgestimmt. Daneben können Anzeigen für Bücher und andere Verlagsprodukte geschaltet werden. Dritte Erlösquelle sind die Buchhändler, die für jedes von ihnen als Werbe- und Kundenbindungsinstrument eingesetzte Exemplar eine Schutzgebühr entrichten müssen. Ab einer bestimmten Abnahmemenge sind auch diese Magazine durch Aufdruck des Firmenlogos, Sonderseiten, Einhefter und Beilagen individualisierbar. Den Lesern präsentieren sich buchjournal und buch aktuell wie Zeitschriften mit einer bunten Vielfalt an Themen, aufbereitet als ›PR-Reportagen‹ oder als Sammelartikel zu Schwerpunktthemen, begleitet von Buch-Annotationen und klassischen Anzeigen.

Kundenmagazine sind Teil der vertikalen **Gemeinschaftswerbung**, also gemeinsamer Werbeaktivitäten von Unternehmen unterschiedlicher Handelsstufen. Dies gilt auch für sonstige Werbemittel wie Beilagenprospekte und Kataloge, die ebenfalls von den bereits genannten Agenturen angeboten werden, sowie für Special Interest-Kampagnen z. B. zum Hörbuch. (In gewisser Weise handelt es sich natürlich auch um eine horizontale Gemeinschaftswerbung, da ein Werbemittel für Bücher aus unterschiedlichen Verlagen wirbt. Allerdings treten diese nur nach außen gemeinsam auf, arbeiten bei der Erstellung der Werbemittel aber nicht zusammen.)

Darüber hinaus können Buchhändler auf zentral produzierte Tüten, Taschen, Lesezeichen u. Ä. zurückgreifen, die meist leseförderne oder branchenbezogene Texte/Motive tragen und vom Verband (Börsenverein), der Stiftung Lesen oder anderen Branchenteilnehmern angeboten werden.

Direktwerbung

Zum Marketing des Bucheinzelhandels gehört traditionell auch die Direktwerbung, also die unmittelbare Kundenansprache ohne den Umweg über Anzeigen, Kundenmagazine u. Ä. Voraussetzung dafür ist die Kenntnis der Zielgruppe(n), also die Pflege einer Kundendatei, um die Kunden per Post oder per E-Mail direkt anschreiben zu können (sofern die Adressen nicht einfach angekauft werden). Verschickt werden sowohl Verlagsprospekte und eigene Werbematerialien als auch (elektronische) Newsletter.

Erstes Ziel ist dabei die Generierung einer Bestellung, zweites Ziel sollte heute aber auch der Aufbau einer dauerhaften Kundenbeziehung im Rahmen des #**Dialogmarketings** sein. Allerdings sehen sich viele

Buchhändler (sofern sie nicht reine Versandbuchhändler sind) aus Zeit- und/oder Kostengründen dazu gar nicht in der Lage: Ihr Hauptaugenmerk gilt dem stationären Geschäft, in dem sich – anders als im Antiquariatsbuchhandel, der sich weitgehend ins Internet verlagert hat – immer noch viele Menschen aus Fleisch und Blut tummeln, um die im Laden präsente Ware anzuschauen und zu kaufen.

Von der Schaufensterwerbung zum Internet-Auftritt

Schaufenster vermitteln einen Eindruck vom Sortiment des jeweiligen Ladengeschäfts und sollen aus Passanten Kunden machen, indem sie Blickfänge bieten und so Neugier wecken. Dies gilt auch für den Bucheinzelhandel:

»Das wohl häufigste im Sortimentsbuchhandel eingesetzte Werbemittel ist die Schauwerbung im eigenen Schaufenster, denn eine Schaufensteranlage gehört zum Inventar jedes stationären Ladengeschäfts, [...]« (Bramann/Münch 2000, 325)

So zutreffend diese Feststellung auch sein mag, richten viele Buchhändler doch zu wenig Augenmerk auf ihre Schaufenster. Das zeigt sich

Schaufensteraktion bei Korn & Berg in Nürnberg. Foto: Cornelia Bley-Rediger

schon daran, dass die Mittel für die Schaufensterdekoration oftmals gekürzt wurden, was nicht selten kreativen Dilettantismus oder Langeweile zur Folge hat. Dabei können die Auslagen weiterhin von allen Passanten (und damit potenziellen Kunden) 24 Stunden am Tag betrachtet werden und – eine entsprechende Attraktivität dieser ›Visitenkarte der Buchhandlung‹ vorausgesetzt – Käufe generieren.

> Naturalrabatt ist ein durch die Dreingabe oder Draufgabe von Waren geleisteter Rabatt. Bei einer Dreingabe muss ein Teil der gelieferten Ware nicht bezahlt werden, bei der Draufgabe erhält der Kunde zusätzlich zur bestellten (und zu bezahlenden) Ware noch kostenlos etwas hinzu.

Auch hier unterstützen die Verlage, indem sie titel-, themen- oder jahreszeitenbezogene Dekomaterialien produzieren. Zusätzlich schreiben sie **Schaufensterwettbewerbe** aus, mit denen die Buchhändler aufgefordert werden, im Rahmen einer Marketingaktion des Verlags in einem gewissen Zeitraum ein Schaufenster mit einem bestimmten Titel, einer Reihe oder einem Programmsegment zu dekorieren. Dies wird meist durch besondere Konditionen und die Auslobung eines Preises (oft ›Naturalien‹, also kostenlose Bücherpakete) unterstützt. Mit solchen Aktionen erreichen Verlage vornehmlich inhabergeführte Klein- und Vorstadtbuchhandlungen, in denen engagierte Buchhändler(innen) attraktive Blickfänge schaffen und den Büchern des Verlags damit zu einem durchaus beachteten und damit verkaufsfördernden Auftritt verhelfen können.

Parallel dazu bespielen die meisten Buchhandlungen inzwischen ein weiteres ›Schaufenster‹: ihren **Internet-Auftritt**. Auch wenn die dort von ihnen generierten Umsätze eher gering sind (im Branchendurchschnitt unter 5 %), weil der E-Commerce vor allem von darauf spezialisierten Versandbuchhändlern wie Amazon, Weltbild.de u. a. beherrscht wird, ergibt das Engagement Sinn: Die Qualität der Website gilt besonders jüngeren Kunden als Beleg für die Modernität und Leistungsfähigkeit eines Unternehmens, bestimmt also stark das Image und damit auch die Positionierung gegenüber der Konkurrenz.

Buchhändler können heute unter mehreren branchenaffinen Partnern wählen, die ihnen durch **Online-Shop-Modelle** den Weg ins Internet erleichtern. Die drei wichtigsten Anbieter sind: buchhandel.de (Betreiber: MVB/Börsenverein), buchkatalog.de (Barsortiment KNV) und libri.de (Barsortiment Libri). Bei ihnen können sich Interessenten als Partnerbuchhandlungen anmelden und unterschiedliche Dienstleistungsangebote nutzen. Sie sind dann mit eigener Website mit ihrem Logo (auf Wunsch auch in ihrem Corporate Design) über eine eigene Webadresse als Buchhändler im Internet präsent. Für ihre Kunden besteht so die Möglichkeit, über den hinterlegten Katalog auf sämtliche lieferbare Titel zuzugreifen.

Veranstaltungen

Waren Buchhandlungen traditionell Veranstaltungsorte für **Lesungen und Signierstunden,** ist die Angebotspalette heute weitaus vielfältiger geworden: Zu den beliebten verkaufsfördernden Maßnahmen gehören Kochvorführungen, Schminkaktionen und Bastelstunden – also Sales Promotion am Point of Sale. Voraussetzung dafür war das Flächenwachstum im Bucheinzelhandel: Anstatt Autoren und Kunden zwischen Büchertische und Regale zu zwängen, verfügen vor allem die Großen der Branche inzwischen über eigene Bühnen bzw. Veranstaltungsflächen oder mobile Möbel, die schnell beiseite gerollt werden können, um Platz für Stühle zu schaffen. Und ist das Interesse an einem Autor doch größer als der Laden, werden extern Räume angemietet und Büchertische organisiert.

Bei vielen Veranstaltungen fungieren Verlage als Partner (s. Kap. 5.3). Dabei geht die Initiative meist von den Buchhändlern aus, die aus dem Lesungs- und Aktionsangebot der Verlage für sie geeignete Formate auswählen. Es gibt allerdings auch Angebote, die allein vom Buchhändler organisiert werden, wie z.B. die Fahrt zur Buchmesse, die Wanderung auf den Spuren eines bekannten Schriftstellers, Ausstellungen oder Vorlesewettbewerbe. Erfindungsreiche Sortimenter gewinnen auch hier die Unterstützung von Verlagen – meist durch das Anfordern von Give-aways oder einen Werbekostenzuschuss. Weniger individuell,

Vor Ort: Literaturkritiker Denis Scheck bei RavensBuch in Friedrichshafen. Foto: Maria Ebert

Welttag des Buches: 1995 erklärte die UNESCO den 23. April – den Todestag von Miguel de Cervantes Saavedra und von William Shakespeare – zum Internationalen Tag des Buches. Durch Aktionen von Autoren, Verlagen und Buchhandlungen soll an diesem Tag die Lesekultur gefördert werden.

Plakat zum Tag des Buches. © Börsenverein

aber dennoch beliebt sind Aktionen des Börsenvereins wie der Welttag des Buches oder Leseförderungskampagnen, für die es attraktive Programmvorschläge und kostengünstige Werbematerialien gibt.

Allen Veranstaltungsformen gemeinsam ist: Sie bieten Gelegenheit, Zusatzumsätze zu generieren, Werbung für das Lesen und PR für die Buchhandlung als Fixpunkt kulturellen Lebens zu machen – und damit beiden Aspekten des buchhändlerischen Selbstverständnisses zu entsprechen: erfolgreicher Unternehmer und zugleich geschätzter Kulturvermittler zu sein.

5.5 Das Buch als Werbeträger

So wie ein Buch für sich wirbt, kann es auch für andere Produkte Werbung machen. Allerdings eignen sich Bücher nur bedingt als Werbeträger. Lediglich im Programmsegment der Restaurant- und Reiseführer sowie der Kochbücher findet bezahlte Werbung statt – aber auch hier ist sie nicht unumstritten.

Eigenwerbung ist in Büchern hingegen nicht ungewöhnlich. Vor allem in Taschenbüchern finden sich auf den letzten Seiten häufig **Füllanzeigen,** in denen auf den freien Seiten des letzten Druckbogens Werbung für Autoren und Programmsegmente des Taschenbuchverlags gemacht wird. Bei Lizenzausgaben erhält oft auch der lizenzgebende Hardcoververlag die Möglichkeit, eine Freianzeige zu platzieren – z.B. um auf die bei ihm lieferbaren gebundenen Titel des lizenzierten Autors hinzuweisen. Solche Anzeigen sind Teil des Lizenzgeschäfts; für sie werden keine gesonderten Gebühren verlangt.

Warum aber sind Bücher, anders als andere Printmedien (Zeitungen und Zeitschriften) weitgehend werbefrei, obwohl sie als Informationsträger eine hohe Glaubwürdigkeit besitzen, über eine hohe Nutzungsintensität verfügen und häufig eine klar segmentierte Zielgruppe ansprechen – also eigentlich optimale Voraussetzungen mitbringen, um als Werbeträger zu dienen?

Die **Argumente gegen Werbung in Büchern** sind schnell gefunden. Das Buch ...

- kann nach seinem Erscheinen Wochen, vielleicht auch Monate oder gar Jahre im Handel sein, bevor es ein Konsument erwirbt; es wird über einen längeren Zeitraum genutzt oder nach einigem zeitlichen Abstand erneut zur Hand genommen (→ kein Aktualitätsbezug möglich);
- wird in ganz Deutschland, Österreich, Liechtenstein und der deutschsprachigen Schweiz verkauft (→ kein geografischer Zielgruppenbezug möglich);
- richtet sich oft an eine breite, unspezifische Leserschaft, wird häufig weitergegeben und von unterschiedlichen Konsumenten genutzt (→ kein soziodemografischer Zielgruppenbezug möglich);
- erscheint in der Regel in vergleichsweise kleiner Stückzahl, die erst im Erfolgsfall steigt und eher selten die Auflagenhöhe von überregional verbreiteten Zeitungen erreicht (→ keine einfache Preisfindung möglich).

Hinzu kommt, dass vor allem textlastige Bücher durchgehend schwarz-weiß gedruckt werden, also keine kostengünstige Möglichkeit bieten, Farbanzeigen aufzunehmen.

Diese Eigenheiten des Mediums Buch schließen es aus, dass die große Mehrheit der Bücher für aktuelle, regionale oder zielgruppenspezifische Werbebotschaften genutzt werden kann. Andererseits sind die zuvor genannten Eigenschaften – hohe Glaubwürdigkeit, hohe Nutzungsintensität, klare Zielgruppenorientierung in bestimmten Segmenten – starke **Argumente für Werbung in Büchern.**

Das sahen auch die ersten Taschenbuchverlage so: So verpönt Werbung in gebundenen Büchern auch war, so selbstverständlich wurde sie in den 1950er Jahren in einige der ersten Taschenbuchreihen aufgenommen. Vorreiter war der Rowohlt Taschenbuchverlag, der von Beginn an darauf achtete, die Werbung mit dem Buchinhalt zu verknüpfen. Dabei diente eine rechts platzierte Illustration als ›Werbestopper‹; der darunter platzierte Teaser griff einen Aspekt des Buchtextes auf und leitete zum eigentlichen Werbetext auf der Rückseite weiter.

Beworben wurden Markenprodukte wie der Kraftstoff Aral, das Duftwasser 4711 oder die Zigarettenmarke Fox. »Alle Männer dieses Buches

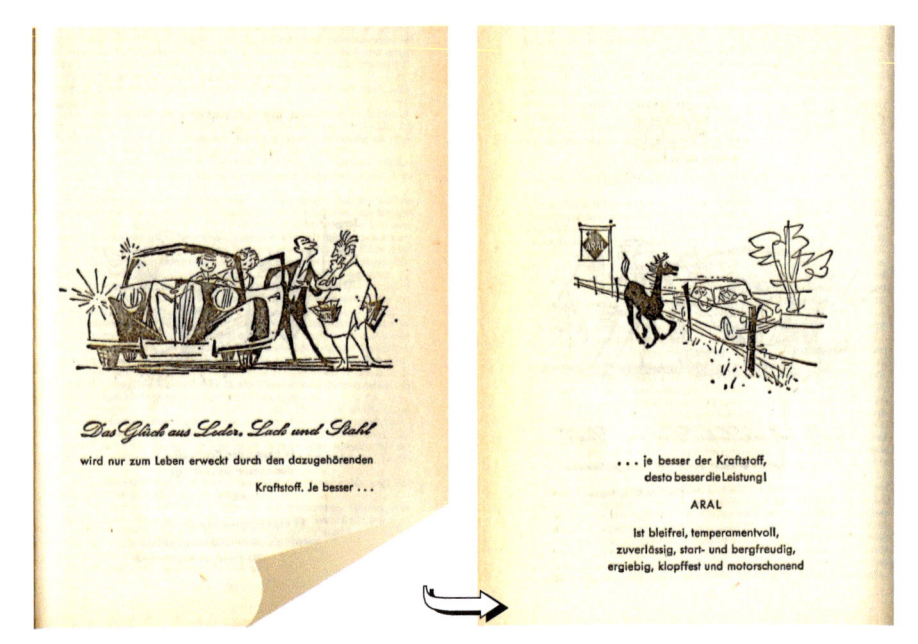

Werbung in einem rororo-Band von 1957 mit Fortsetzung auf der folgenden linken Seite

rauchen«, heißt es beispielsweise in Ernest Hemingways Roman *Fiesta*. »Auch die reizende Lady Ashley, von ihren Freunden Brett genannt. Dies ermutigt uns, dem Raucher mit dem Wort FOX eine Zigarette zu nennen, deren Niveau dem eines guten Buches entspricht.«

Die rororo-Bände (Startauflage 1950 je Band: 50 000 Exemplare; Preis: 1,50 DM) verkrafteten die Kritik der Kulturwächter ohne Probleme: Das Publikum nahm die preiswerte Massenliteratur trotz der Werbung bestens auf – und wen die Werbung doch störte, konnte sie einfach herausreißen: Die Seite war vorsorglich nicht mitpaginiert. Dass es trotzdem kritische Stimmen unter den Lesern gab, belegt ein Anzeigentext, in dem der Verlag um Verständnis für seine Haltung bat und den Schriftsteller Gottfried Benn mit den Worten zitierte: »Rowohlts Idee mit der Zigarettenreklame im Buch [finde ich] gar nicht anfechtbar, vielmehr sehr modern.« Bis in die 1970er Jahre hielt der Verlag daran fest, Werbung in seine Taschenbücher aufzunehmen, konzentrierte sich aber schon bald auf einen Werbepartner und warb ausschließlich für das seriöse Finanzprodukt Pfandbrief und Kommunalobligation.

Je weiter sich das Taschenbuch von seinem Billig-Image der Frühzeit entfernte und zur voll akzeptierten Buchform wurde, umso mehr passte

> Der Name ›rororo‹ ist abgeleitet von Rowohlts Rotations-Romanen (Ro-Ro-Ro), dem Vorläufer der ersten deutschen Taschenbuchreihe: 1946–49 ließ Ernst Rowohlt Romane auf Zeitungspapier und im Zeitungsformat drucken, um dem Mangel an Literatur im Nachkriegsdeutschland zu begegnen.

es sich im Verzicht auf Werbung dem gebundenen Buch an. Da die Startauflagen der Taschenbücher sanken, wurde auch der durch Werbeseiten einzunehmende Kostenbeitrag geringer und stand letztlich in keinem positiven Verhältnis mehr zu dem vermuteten Image-Verlust. So verschwanden zuletzt auch bei Rowohlt die Werbeseiten aus den Taschenbüchern.

Lehnen aber Leser dezente Werbung in Büchern heute überhaupt noch ab? Karin Scholz (2010) stellt in ihrer Untersuchung über *Das Buch als Werbeträger* eine Umfrage vor, an der vornehmlich Buchkäufer im Alter von 14 bis 40 Jahren teilnahmen. Die Ergebnisse sollen hier kurz zusammengefasst werden:

DIE EINSTELLUNG VON LESERN ZU WERBUNG IN BÜCHERN

- **AKZEPTANZ** 60 % der Leser lehnen Werbung in Büchern nicht grundsätzlich ab. Ein Drittel davon fordert aber, dass sich Werbung auf den Buchpreis auswirkt und erwartet mehrheitlich eine Reduktion um mind. 20 %.
- **BUCHTYP** Am stärksten wird Werbung in Schul-, Kinder- und Jugendbüchern sowie Comics abgelehnt. Am wenigsten störend wird sie in Kochbüchern, Reiseführern, Ratgebern und Taschenbüchern empfunden.
- **WERBEFORM** Besonders akzeptiert sind nicht fest mit dem Buch verbundene Werbeformen wie Lesezeichen und Beilagen sowie Anzeigen im Anhang.
- **ZUSATZNUTZEN** Fast 50 % derjenigen, die Werbung in Büchern nicht grundsätzlich ablehnen, sehen in intelligent gemachter und inhaltlich passender Werbung einen Zusatznutzen zum Buch.
- **E-BOOKS** Die Akzeptanz von Werbung in E-Books unterscheidet sich nicht grundlegend von der in gedruckten Büchern.

Die Ergebnisse zeigen, dass Werbung in Büchern möglich ist, wenn bestimmte Regeln beachtet werden. Werbung muss dezent und auf den Inhalt abgestimmt erfolgen, aber deutlich von ihm unterscheidbar sein. Diese **Voraussetzungen** erfüllen vor allem Prospektbeilagen und Lesezeichen – sie sind aber auch am schnellsten vom Buch zu trennen. In das Layout integrierte, aber klar identifizierbare Kleinanzeigen werden vor allem bei Reise- und Restaurantführern als Zusatznutzen empfunden, solange nicht der Eindruck entsteht, der eigentliche Text könnte davon beeinflusst sein (etwa durch Empfehlungen für Inserenten). Hier bewegen sich die Redaktionen auf einem schmalen Grat zwischen Zusatzinformation und Verlust der Glaubwürdigkeit.

5.6 Merchandising

Der Begriff Merchandising ist unscharf definiert bzw. unterschiedlich besetzt. Zum einen wird Merchandising – vor allem im englischen Sprachraum – als Oberbegriff für alle Maßnahmen der Verkaufsförderung verwendet (abgeleitet von ›merchant‹ = Händler/Kaufmann). Zum anderen wird damit die Übertragung von Inhalten oder künstlerischen Elementen in eine neue Produktform bezeichnet, also z. B. die Verwendung eines Vereinswappens zur Gestaltung von Bettwäsche, Schals und anderen sogenannten Fanartikeln. Hierbei handelt es sich um eine Form der Zweitverwertung von Rechten, bei der einem Dritten die Befugnis erteilt wird, eine Figur, ein Logo, ein Design oder anderes Markenzeichen für seine Produkte zu nutzen. In diesem Fall spricht man auch von **Licensing**.

Aus Marketingsicht meint Merchandising die Herstellung und den Vertrieb von Produkten, auf die durch die Verwendung eines bekannten Logos, Designs oder sonstiger Elemente ein positives Markenimage übertragen werden soll. Zweck eines solchen Imagetransfers kann sowohl die Absatzförderung des Originalprodukts als auch der Absatz der Merchandising-Artikel selbst sein.

Die Buchbranche ist in doppelter Hinsicht mit dem Merchandising-Markt verknüpft: Einerseits schaffen Bücher Charaktere und Welten, die für das Merchandising genutzt werden, andererseits sind Bücher selbst beliebte Merchandising-Produkte, z. B. als Ergänzung zu Kinofilmen oder Fernsehserien. Als besonders geeignet haben sich schon früh Comic-

Hobbit-Merchandising-Produkte. © www.elbenwald.de

und Cartoon-Charaktere bzw. Figuren aus Bildergeschichten erwiesen. Bekannte Beispiele dafür sind – international – zahlreiche Charaktere der Walt Disney-Filme (wie Donald Duck, Mickey Mouse, Three Little Pigs u.a.) sowie – im deutschsprachigen Raum – Max und Moritz (von Wilhelm Busch) oder der Struwwelpeter (von Heinrich Hoffmann), die z.B. für die Vermarktung von Gesellschaftsspielen verwendet wurden.

Größere Bedeutung gewann das **Merchandising in Deutschland** erst ab den 1980er Jahren – Auslöser waren die *Werner*-Comics von Rötger Feldmann (alias Brösel): Die elf zwischen 1981 und 2002 bei Semmel/Achterbahn erschienenen Bände um den Südschleswiger Installateurlehrling, passionierten Biker und Biertrinker Werner verkauften sich rund zwölf Millionen Mal (später folgten noch Sonderausgaben bei ehapa). Neben die Comics traten zunächst Postkarten und Aufkleber, mit den Filmen (ab 1990) begann der intensive Ausbau des Merchandisings bis hin zum eigenen Bier (Bölkstoff). Ab 1994 überstieg der Umsatz mit Merchandising-Produkten die Buchumsätze.

Lillifee-Produktpräsentation bei Thalia in Weiterstadt. Foto: Maria Ebert

Ein weiteres Erfolgsbeispiel für **Character Merchandising**, das vorsichtig, aber stringent entwickelt wurde, liefert der Coppenrath Verlag: Mit seinem 1992 gegründeten Imprint ›Die Spiegelburg‹ setzte Verleger Wolfgang Hölker schon früh auf den Aufbau eines verlagseigenen Non-Book-Programms. Den Anfang machte ein Kuscheltier zum Kinderbuch *Schlaf gut, kleiner Bär*, 1993 folgte der reiselustige Hase Felix, seit 2004 entwickelt der Münsteraner Verlag eine rosa Kindertraumwelt mit Prinzessin Lillifee.

Das Erfolgskonzept von Coppenrath/Spiegelburg ist ebenso einfach wie stimmig:

- Mit dem Buch erscheinen zunächst vier bis fünf Merchandising-Artikel, die in Qualität, Art und Optik zum Hauptprodukt Buch passen.
- Diese Artikel werden im unteren Preissegment angesiedelt.
- Erst wenn diese ›Marktöffner‹ erfolgreich sind, erfolgt ein Ausbau der Merchandising-Palette auch in buchfernere Bereiche und höhere Preissegmente.
- Verkauft wird sowohl im stationären Buchhandel als auch in Kaufhäusern, Spielwarenläden und anderen geeigneten Kaufumgebungen. Dabei setzt der Verlag auf Visual Merchandising mittels großer, aufwändig gestalteter Präsenter.

Visual Merchandising: alle auf optische Reize setzenden Maßnahmen der Verkaufsförderung am PoS.

Wenn es Büchern gelingt, eine Fantasiewelt zu schaffen, in der sich die Leser wohlfühlen, dann entsteht (bei Kindern und Jugendlichen eher als bei Erwachsenen) das Bedürfnis, Teile dieser Fantasiewelt in die Realität zu transportieren. Diesen Transfer können Merchandising-Produkte leisten. Coppenrath-/Spiegelburg-Verleger Hölker erklärt diesen Prozess so:

> »Durch ihre Welten aus Buch und Merchandising-Produkten können Lillifee und Felix für eine gewisse Zeit Teil des Lebens der Kinder werden und eine Spur hinterlassen. Das geht mit einem Buch alleine nicht. Entscheidend ist, dass man als Verleger sowohl bei den Kindern als auch bei den Eltern ein Gefühl des Must-have erzeugen muss.« (zit. n. Heldmaier 2011, 25)

Im Umkehrschluss verstärken Merchandising-Produkte wiederum die Bindung an das Ausgangsprodukt. Coppenrath/Spiegelburg belegt dies eindrucksvoll: Der Verlag macht weiterhin fast die Hälfte seines Umsatzes von rund 70 Millionen Euro mit traditionellen Büchern.

Wie wichtig die Einhaltung der oben genannten Regeln im Merchandising zu Büchern ist, verdeutlicht ein anderes, weit weniger erfolgreiches Beispiel: *Harry Potter*. Dabei waren die Voraussetzungen eigentlich optimal, als 2001 die erste Verfilmung in die Kinos kam: Der stationäre Buchhandel hatte sich inzwischen auch in Deutschland für Non-Book-Artikel geöffnet und stand dem sympathischen Zauberlehrling aus Hogwarts weitaus positiver gegenüber als dem prolligen Werner. Doch der Markt wurde zu schnell mit zu vielen und oft wenig qualitätvollen Non-Book-Produkten überschwemmt. Zudem fehlte ein einheitliches Konzept für das Character Merchandising: Harry Potter wurde zunächst gezeichnet, dann als Filmfigur abgebildet, und die Zeichnungen orientierten sich an den US-amerikanischen Covern, nicht an denen der deutschen Buchausgaben (die weltweite Lizenzvergabe erfolgt durch Warner Bros. Entertainment).

So wichtig ein einheitliches Artwork für die internationale Vermarktung auch ist: Wenn es nicht der durch das Primärprodukt vorgegebenen Erwartungshaltung der Zielgruppe entspricht (und diese wurde im Fall Harry Potter in Deutschland zunächst allein durch die deutschen Buchausgaben geprägt), kommt es zu Irritationen und schließlich zu einer Verweigerungshaltung gegenüber den als unpassend empfundenen Merchandising-Produkten.

> Mit Artwork sind alle gestalterischen Elemente (grafische, fotografische und typografische) einer künstlerischen Arbeit gemeint.

Grundsätzlich aber, und das zeigen die erwähnten Beispiele, gibt es für Verlage einen interessanten Markt für Merchandising-Produkte zu Büchern. Handelt es sich dabei um Originalausgaben, müssen die Aktivitäten also nicht mit international operierenden Lizenzgebern abgestimmt werden, ist die Entwicklung der Merchandising-Palette vom Buch über Audio und Video hin zu Accessoires aller Art marktgerecht möglich – und damit durchaus erfolgversprechend. Schließlich ist Deutschland (nach den USA und Japan) der drittgrößte Markt für Merchandising-Produkte, und die Zielgruppe schließt im Bereich der All-Age-Titel inzwischen auch Erwachsene ein.

Im **Medienverbund** mit Film, Fernsehen und/oder Tonträgern hat das Buch weiterhin einen wichtigen Stellenwert – sowohl als Ausgangspunkt als auch als lukrativer Teil der Verwertungskette. Oft ist es – von Pippi Langstrumpf über den kleinen Vampir bis zu Harry Potter – das Leitmedium, das in andere Medien überführt wird, dort Erfolge feiert und dadurch selbst wieder verstärkt und ›am Leben erhalten‹ wird. Vor allem Kinder und Jugendliche eignen sich Literatur heute häufig im Medienverbund an: lesend, hörend, singend – oder navigierend.

Buch-Sonderausgabe zum Filmstart von *Les Misérables*. © Aufbau

5.7 Kooperationsmarketing

Unter kooperativem Marketing, Kooperationsmarketing oder auch Cross Marketing wird eine zeitliche begrenzte Zusammenarbeit zweier selbstständiger Marktpartner verstanden.

»Dabei werden spezifische Kompetenzen und Ressourcen der Partner in die Kooperation eingebracht, um unter Nutzung ausgewählter Marketing-Mix-Instrumente die jeweiligen Ziele [...] effizienter als im alleinigen Vorgehen zu erreichen.« (Meyer/Schade 2007, 7).

Zum Kooperationsmarketing werden auch Markenkooperationen gezählt, also das Co-Branding zweier eigenständiger Marken in einer gemeinsamen Marketingaktion zur Herstellung einer Win-win-Situation. Nur wenn diese gegeben ist, also beide Partner profitieren, lässt sich von einer erfolgreichen Kooperation sprechen, die auch längere Zeit Bestand haben kann.

> In einer Win-win-Situation gibt es nicht Sieger und Verlierer, sondern alle Beteiligten profitieren, z.B. durch Synergie- oder Imageeffekte, die Ausweitung der eigenen Zielgruppe (Neukundengewinnung) o.Ä.

Mit diesen Formen des Kooperationsmarketings sind verschiedene Erwartungen verbunden:

- Imagetransfer auf das gemeinsam markierte Produkt
- Erweiterung des eigenen Leistungsangebots
- Steigerung des Absatzes durch Überraschungseffekt und Sonderpreis
- Erhöhung der Aufmerksamkeit für beide Marken
- Steigerung des eigenen Bekanntheitsgrads
- Vergrößerung der Zielgruppe
- Stärkung der Kundenbindung und Markentreue
- Leichterer Marktzugang bei Einführung neuer Produkte
- Möglichkeit der Differenzierung gegenüber Wettbewerbern
- Verringerung der Kommunikationsaufwendungen für die Partner

Besonders das Beispiel zum #Product Bundling zeigt, dass nicht alle Kooperationen auch sinnvoll sein müssen: Bei Kaffee und einem Reiseführer erschließt sich der Nutzenzuwachs, der durch die Kombination dieser beiden Markenprodukte entstehen soll, nicht auf den ersten Blick. Doch nur wenn der Kunde/Verbraucher das Bundling als sinnvoll und passend ansieht, werden die erhofften positiven Effekte eintreten. Gleiches gilt, wenn die kooperierenden Marken nicht gleich stark sind: Dies kann dazu führen, dass die schwächere Marke aufgewertet wird und die Preisbereitschaft der Kunden steigt. Häufiger führt es aber zu einem

FORMEN DES KOOPERATIONSMARKETINGS

IN DER PRODUKTPOLITK

CO-BRANDING	Fachwörterbuch Medizin: Englisch–Deutsch und Deutsch–Englisch der Verlage Elsevier (Imprint: Urban & Fischer) und Langenscheidt.
PRODUCT BUNDLING	Kombiniertes Angebot von Kaffee HAG bzw. Jacobs Krönung (beide Kraft Foods Deutschland) mit einer Sonderausgabe des Marco Polo-Reiseführers *Freizeit-Spaß* in Deutschland (2007) von MairDumont.
INGREDIENT BRANDING	Die Markierung wesentlicher Bestandteile zur Aufwertung des Endprodukts kommt im Verlagswesen nicht vor. Bei sehr weiter Auslegung des Begriffs könnte so etwas wie die Vorinstallation von 13 Hörbüchern von Haufe-Lexware auf einem Apple iPod nano als Ingredient Branding gelten.

IN DER KOMMUNIKATIONSPOLITIK

CROSS-PROMOTION	Häufigste Form des Kooperationsmarketing, z. B. durch gegenseitige Werbung auf den Produkten, oft verbunden mit einer Gewinnspielaktion (Ravensburger und Mini Mentos), aber auch durch weitergehende Aktionen wie TOPP Kreativ-Workshops des frechverlags in Familienclubs des Reiseanbieters TUI.
COUPONING	Sonderform der Cross-Promotion, bei der ein Kunde mit dem Erwerb eines Produkts einen Coupon erhält, der den preisreduzierten oder kostenlosen Erhalt eines Partnerprodukts ermöglicht. Im Buchhandel wegen der Preisbindung nicht erlaubt (vgl. Glossar zur Buchpreisbindung, Menche 2006, 31f.), aber von Presseverlagen häufig genutzt (Abgabe von Werbeexemplaren oder Probeabonnements).
CROSS-ADVERTISING	Gemeinsame Werbung zweier oder mehrerer Partner für Produkte, die selbstständig, also nicht als Bundling angeboten werden; so in einem TV-Spot für Kinder-Schokolade (von Ferrero) und die Buchserie *Lauras Stern* (aus dem Baumhaus Verlag).
CROSS-REFERENCING	Empfehlungsmarketing zwischen Marken; in der Praxis oft nur einseitig vollzogen (der empfehlende Partner erhält dann meist eine finanzielle Gegenleistung). Bei Buchverlagen häufig in Form auffällig positionierter Zitate aus Rezensionen bekannter Presseorgane eingesetzt; die Legalität dieser Praxis ist nach einem Urteil des OLG Frankfurt/Main von 2011 strittig, wenn keine Einwilligung des zitierten Mediums vorliegt.

Product Bundling: Kombination eines Kochbuchs mit einem Gasbrenner. © Random House

Imageverlust der stärkeren Marke, die auf das Niveau des schwächeren Partners herabgezogen wird.

Bei den zahlreichen **Zeitungs- und Zeitschrifteneditionen**, die seit 2004 den Buchmarkt stimulieren (beginnend mit der 50-bändigen *SZ-Bibliothek* der Süddeutschen Zeitung), handelt es sich zwar um Produktkooperationen, aber nicht um Kooperationsmarketing, da die herausgebenden Presseverlage die Inhalte häufig von unterschiedlichen Lizenzgebern (Verlagen) erhalten und deshalb allein bewerben müssen. Folglich tragen die Reihen auch nur den Namen der jeweiligen Zeitungs- bzw. Zeitschriftenmarke (Bild, Brigitte, Geo, Die Zeit usw.).

Die Mutter aller Zeitungseditionen in Deutschland:
Die SZ-Bibliothek aus dem Jahr 2004

Eine Einbindung von Produktnamen in den Fließtext z. B. von Kochbüchern oder Reiseführern geht ebenfalls über das Kooperationsmarketing hinaus und stößt vor allem in Deutschland auf Ablehnung, weil die Bücher dann als Werbemittel der entsprechenden Firmen angesehen werden, wodurch die Zahlungsbereitschaft gegen Null sinkt. Als weniger bedenklich gilt solches **Product Placement** in Büchern hingegen in den USA. Dort rühmte sich der literarische Agent von Fay Weldon 2001 als Erster öffentlich, für seine Autorin einen lukrativen Deal geschlossen zu haben: Für einen nicht näher bezifferten Betrag sollte sie den Namen des italienischen Schmuckherstellers Bulgari zwölfmal in ihrem Buch erwähnen. Weldon beließ es nicht dabei, sondern gab ihrem Roman auch gleich noch den Namen The Bulgari Connection (deutsch: Die Bulgari Connection, 2002 bei Hoffmann & Campe).

Ein weiteres Beispiel zeigt, wie nahe sich Kooperationsmarketing und Product Placement sein können: In der Originalausgabe des US-amerikanischen Jugendbuchs Cathy's Book, das 2006 erschien (deutsch 2007 bei Baumhaus), finden sich Markennamen von Kosmetikprodukten des Herstellers Cover Girl, der zum Weltkonzern Procter & Gamble gehört. Dieser war eine Kooperation mit dem US-Verlag Perseus Books eingegangen: Als Gegenleistung dafür, dass die Autoren Sean Steward und Jordan Weisman Cover Girl-Produkte erwähnten, machte Procter & Gamble auf der Seite beinggirl.com, die jungen Mädchen Kosmetik-Tipps und Rat bei pubertären Problemen gibt, Werbung für das Buch. Die Resonanz in den kritischen US-Medien war allerdings so negativ, dass sich der Verlag dazu entschied, die Produkthinweise nach 43 000 verkauften Hardcover-Exemplaren in der Taschenbuch-Ausgabe wegzulassen.

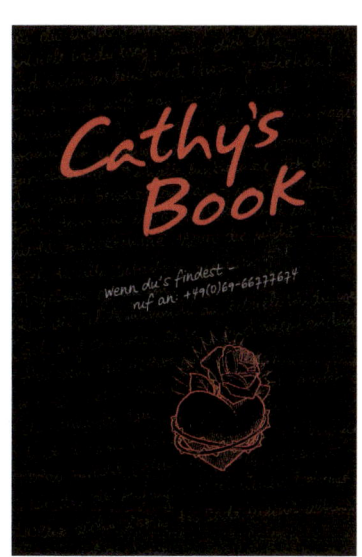

Cover der deutschen Ausgabe von Cathy's Book (2007)

Interaktives Buch: Cathy's Book vereint das gedruckte Buch mit multimedialen Elementen wie dazugehörigen Websites, Infos per AB und einem Chatforum.

Verwendete und weiterführende Literatur

Böll, Karin: *Merchandising und Licensing. Grundlagen, Beispiele, Management.* München: Vahlen 1999

Bramann, Klaus-W. | Merzbach, Joachim | Münch, Roger: *Sortiments- und Verlagskunde* (Edition Buchhandel 2). 3. Aufl. Frankfurt am Main: Bramann 1999

Bramann, Klaus-W. | Hoffmann, C. Daniel | Lange, Mario: *Wirtschaftsunternehmen Sortiment* (Edition Buchhandel 4). 3. Aufl. Frankfurt am Main: Bramann 2008 (1. Auflage 2000, verfasst von Klaus-W. Bramann und Roger Münch)

Czöppan, Clarissa: *Emotionen am Markt. Zur Funktion der Emotionen im Bereich des Buchmarketings.* Diss. Georg-August-Universität Göttingen 2011. Hamburg: Dr. Kovac 2012

Gedenk, Karen | Teichmann, Maik-Henrik: *Gewinnspiele als Instrument des Direktmarketing.* In: Wirtz, Bernd W. | Burmann, Christoph (Hrsg.): Ganzheitliches Direktmarketing. Wiesbaden: Gabler 2006, 501–522

Heinold, W. E.: *Bücher und Buchhändler.* (Edition Buchhandel 18). 5. Aufl. Frankfurt am Main: Bramann 2007

Heldmaier, Christian: *Merchandising für Bücher ohne Filmanbindung. Grundlagen, Chancen und Umsetzungsmöglichkeiten für Verlage.* Thesis Stuttgart: Hochschule der Medien 2011

Hinze, Franz: *Gründung und Führung einer Buchhandlung.* (Edition Buchhandel 9). 10. Aufl. Frankfurt am Main: Bramann 2012

Menche, Birgit: *Glossar zur Buchpreisbindung. Leitfaden für Verlage und Buchhandlungen.* Hrsg. v. Börsenverein des Deutschen Buchhandels. Frankfurt am Main 2006

Meyer, Tobias | Schade, Michael: *Cross-Marketing – Allianzen, die stark machen: Mit Partnern schneller erfolgreich werden* (Edition Praxiswissen). Göttingen: BusinessVillage 2007

Scholz, Karin: *Das Buch als Werbeträger.* Thesis Stuttgart: Hochschule der Medien 2010

6 Online-Marketing

Das Mediennutzungsverhalten großer Teile der Bevölkerung verändert sich seit einigen Jahren stark. Immer mehr Menschen nutzen das Internet zur Kommunikation, zur Recherche, zum Einkaufen etc. Auch die buchaffinen Zielgruppen sind im Netz aktiv: Sie tauschen sich mit anderen Lesern in Literatur-Communities und Foren aus, suchen auf Literaturportalen nach Leseanregungen und bestellen ihre Lektüre immer öfter online. Mehr und mehr Verlage erkennen, dass sie ebenfalls im Internet präsent sein müssen, wenn sie die Verbindung zu ihren Zielgruppen nicht verlieren wollen.

Allerdings reicht es nicht aus, die gedruckten Werbematerialien – Vorschauen, Kataloge, Plakate – 1:1 ins Netz zu stellen. Internetnutzer sind durch das vielfältige Informations- und Interaktionsangebot anderer Websites verwöhnt und wollen weit mehr als reine Titelinformation: Sie erwarten, dass ihnen die Verlage online einen Mehrwert gegenüber den klassischen Werbematerialien bieten.

Verlage reagieren auf dieses Bedürfnis mit einer wachsenden Anzahl von Angeboten. Die Anforderungen daran sind hoch und ein Blick auf die Merkmale, die für die Marketingtauglichkeit des Internets sprechen, macht deutlich, dass neue Instrumente auch neue Herausforderungen für die Verlage mit sich bringen.

Und noch etwas ist wichtig: Das Internet eröffnet den Verlagen die Chance der direkten Endkundenansprache ohne die Einbeziehung des verbreitenden Buchhandels oder anderer Intermediäre. Beim Einsatz des Internets für das Endkundenmarketing muss aber geprüft werden, ob die anvisierte Zielgruppe schon in ausreichendem Maß über das Internet erreichbar ist. Zwar sind auch immer mehr ältere Menschen in Deutschland online, doch gibt es noch signifikante Unterschiede: Laut Arbeitsgemeinschaft Online Forschung (AGOF 2012), die regelmäßig repräsentative Strukturdaten zum Internet erhebt, liegt der Anteil der In-

> Intermediäre (von lat.: intermedius = dazwischen liegend) sind Mittler zwischen zwei Ebenen, hier zwischen Verlagen und Endkunden. Neben dem stationären Buchhandel zählen dazu heute auch Online-Händler wie amazon.de, bookwire.de oder paperc.de.

MERKMALE DES ONLINE-MARKETINGS (nach Breyer-Mayländer 2004)	
MULTIMEDIALITÄT	Kombinationsmöglichkeit von Bild, Text und Ton
INTEGRIERBARKEIT	Verbindung verschiedener Anwendungen wie Marktforschung, Verkauf, Kundenbindung u. a.
INTERAKTIVITÄT	Eingriffsmöglichkeiten für die Nutzer (Steuerung des Informationsablaufs, Eingabe eigener Daten etc.)
INDIVIDUALISIERBARKEIT	Individuelle Konfigurierbarkeit seitens der Nutzer (durch Anlage von Interessenprofilen, Abruf und/oder Order von Informationen etc.)
AUTOMATISIERUNG	Anlage von Standardvorgängen wie Anfragen, Bestellungen u. ä.
TRANSAKTIONS-ANBINDUNG	Anbindung von Transaktionen ohne #Medienbruch unmittelbar an die Informations- und Kommunikationsphase
VERFÜGBARKEIT	Rund um die Uhr-Bereitschaft (24 Stunden/365 Tage im Jahr)
AKTUALISIERBARKEIT	Jederzeitige Möglichkeit der Anpassung/Korrektur von Informationen
PERMISSIVITÄT	Freizügigkeit des Nutzers und die daraus folgende Orientierung an seinen Wünschen als Herr des Verfahrens
EMOTIONALITÄT	Positiv emotionalisierender Effekt durch Innovationskraft und -image des Internets

ternetnutzer bei den Altersgruppen unter 50 Jahren zwischen 87 und 98 Prozent, bei den 50–59-Jährigen sind es fast 74 Prozent, bei den über 60-Jährigen allerdings erst 36 Prozent. Gerade die buchaffine, kaufkräftige Generation 50+ kann also noch nicht bzw. nicht ausschließlich über das Internet angesprochen werden.

6.1 Kundenbindung im Internet

Die Verlagswebseite wird heute allgemein als Eingangstor (Gate) zum Informationsangebot der Verlage gesehen – einem Tor, das rund um die Uhr geöffnet ist. Die meisten Nutzer gelangen nicht direkt über die entsprechende Verlags-URL dorthin, vielmehr werden sie bei Suchanfragen von Google und Co. auf die entsprechenden Websites der Verlage ge-

Microsite zur *Reckless*-Reihe von Cornelia Funke bei Dressler (Verlagsgruppe Oetinger)

lenkt. Dort erfolgt die Sortierung nach Informationsbedürfnissen (Themenwelten) sowie die Weiterleitung auf spezielle Microsites, zu Communities, Angeboten in Sozialen Netzwerken u. a.

Bis etwa 2008 hatten die meisten Buchverlage nur statische, wenig attraktive Webauftritte oder waren noch gar nicht im Internet vertreten. In den letzten Jahren hat sich dies grundlegend verändert. Vorreiter waren die Konzernverlage, die mit erheblicher Manpower dafür gesorgt haben, ihr Informationsangebot zu Büchern und Autoren auszubauen: Hör- und Leseproben, Interviews (in Textform oder als Audio- oder Videodatei) sowie Termin- und Veranstaltungshinweise sind inzwischen nicht nur bei den großen Publikumsverlagen Standard. Ziel ist es, das Angebot so attraktiv zu gestalten, dass Kunden animiert werden, die Website erneut aufzusuchen. Dazu dienen weitere Elemente wie:

> Microsites sind optisch eigenständige, vom eigentlichen Internetauftritt des Unternehmens losgelöste Unterseiten mit geringer Navigationstiefe, die ein bestimmtes Thema/einen Autor präsentieren, häufig interaktiv aufgebaut sind und als Aktionsseite bzw. Bestellinstrument dienen.

- **Blogs** (Kurzform von Web-Log = Internet-Tagebuch) regen Kunden an, Kommentare zu Büchern abzugeben, können aber verlagsseitig auch dazu genutzt werden, über aktuelle und Backlist-Titel zu informieren, wie dies z. B. der Verlagsblog von Klett Cotta tut (http://blog.klett-cotta.de/).
- **Chats** (von engl. chat = plaudern) mit Autoren in Echtzeit über das Internet werden vor allem von jungen Lesern geliebt, sind für die Autoren aber eine Herausforderung (vor allem wenn die Fragen nicht vorher eingereicht werden müssen); die Bekanntmachung erfolgt üblicherweise über Communities und themenspezifische Blogs.

- **Communities** oder Kundenclubs offerieren den Nutzern nach einer Registrierung diverse Vorteile, die einen Mehrwert schaffen und durch Exklusivität für eine hohe Kundenbindung sorgen – Beispiel: die Küchengötter-Community von GU (www.kuechengoetter.de/community.html).
- **FAQs** (Frequently Asked Questions) bieten Antworten auf Fragen, die von Nutzern gestellt werden könnten – ein Service, der die Verlagsmitarbeiter entlastet, da sich viele Anfragen auf diesem Weg klären lassen; wird häufig auch auf Microsites zu Serien eingesetzt, z. B. für Loewes *Vampirschwestern* (www.die-vampirschwestern.de/faqs.cfm).
- **Leserrezensionen** wurden durch Amazon hoffähig gemacht und konkurrieren inzwischen mit der professionellen Literaturkritik; da sie vermeintlich Empfehlungen (bzw. Warnungen) ›ganz gewöhnlicher Leser‹ darstellen, genießen sie im Internet eine hohe Glaubwürdigkeit (obwohl es sich teilweise um redaktionell erstellte bzw. bestellte Kommentare handelt) – von Verlagen werden sie zumeist nur in Blogs und Sozialen Netzwerken ungefiltert veröffentlicht.
- **Onlinemagazine** informieren über aktuelle Themen, geben Hintergrundinformationen und fördern so die Markenbindung – und dies zu erheblich geringeren Kosten als bei gedruckten Magazinen, von denen viele inzwischen eingestellt wurden (z. B. bei Rowohlt: www.rowohlt.de/magazin).
- **Podcasts** (Kunstwort aus iPod und Broadcast) bieten z. B. Ausschnitte aus einem Hörbuch oder auch Krimis als Fortsetzungsromane, die abonniert und jederzeit angehört bzw. (bei Video-Podcasts) angesehen werden können, z. B. auf Droemer Knaurs Krimi-Portal (www.krimi-podcast.de/).
- **(Gewinn-)Spiele** ziehen viele Nutzer auf die Website und können dazu führen, dass diese sich zur Beantwortung einer Preisfrage intensiv mit dem Verlag(sprogramm) auseinandersetzen.
- **Videos und Buchtrailer** werden von Verlagen verstärkt zur Bewerbung neuer Bücher und Autoren im Internet eingesetzt (während der Sortimentsbuchhandel dem Einsatz von Bildschirmen eher skeptisch gegenübersteht); auf Videoportalen wie YouTube und ihren Websites präsentieren Verlage Filmmaterial zu ihrem Programm (vgl. z. B. Kiepenheuer & Witsch: www.kiwi-verlag.de/aktuelle-videos-und-buchtrailer/).

Trailer (von engl. trail = Nachlauf): Ursprünglich kurzer, aus Originalszenen zusammengeschnittener Werbefilm, der im Kino nach dem Hauptfilm auf das nächste Programm hinwies. Heute allgemein für kurze Werbefilme (Clips) benutzt, egal ob diese neu inszeniert oder aus vorhandenen Filmszenen kompiliert worden sind.

Mit dem Ausbau der Serviceangebote reagieren Verlage nicht nur auf die sich ständig erweiternden Möglichkeiten, die das Internet bietet, sondern auch auf Veränderungen im klassischen Buchhandel und dessen steten Bedeutungsverlust. Für Verlage sind Kunden, die den Weg auf die Website gefunden haben, Geld wert. Anders als im stationären Buchhandel bewegen sie sich hier in einem konkurrenzfreien Umfeld: Alle Angebote stammen von Marken / Imprints eines Verlags / einer Verlagsgruppe, und die Chance, aus Interessenten Käufer zu machen, ist hoch. Dazu dient ein angeschlossener **Online Shop,** über den die angebotenen Bücher sofort bestellt werden können.

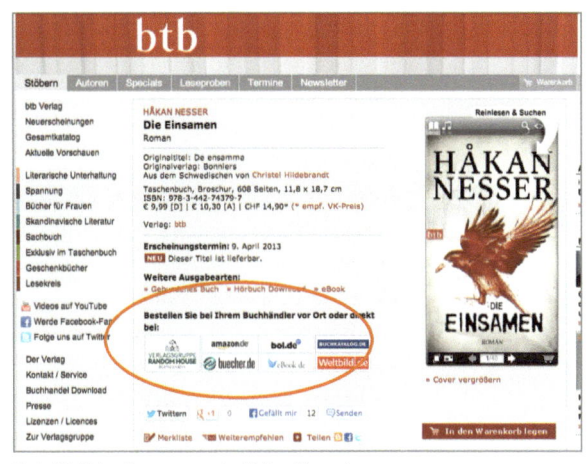

Freie Wahl des Bezugswegs im Online-Shop des Random-House-Imprints btb

Um Distributionskanalkonflikte mit dem stationären Buchhandel zu vermeiden (s. Kap. 5.2), verzichten vor allem Publikumsverlage häufig noch auf eine offensive Bewerbung ihres Online Shops oder wickeln den Kaufvorgang über einen Onlinehändler, Versandbuchhändler oder eine Partnerbuchhandlung ab (die aber durchaus zur jeweiligen Verlagsgruppe gehören können). Teilweise erhält der Kunde auch die Möglichkeit, zwischen verschiedenen Dienstleistern zu wählen.

Werbung für den Online Shop: Auf dem Buch ...

... und auf dem Schaufenster (Fotos: Ulrich Huse)

Kundenbindung im Internet

6.2 Digitale Werbeformen

Interaktive Medien sind für ihre Nutzer umso attraktiver, je mehr andere Nutzer sich daran beteiligen. Um den Erfolg von Kundenbindungsmaßnahmen im Internet zu sichern, müssen diese von Beginn an von werblichen Maßnahmen begleitet werden, um die entsprechende/n Zielgruppe/n anzusprechen. Mundpropaganda und Printwerbung reichen in der Regel nicht aus, um ein Webangebot in kurzer Zeit ausreichend bekannt zu machen. Das Online-Marketing bietet dazu verschiedene neue Werbeformen, die im Folgenden kurz vorgestellt werden.

- **Suchmaschinen-Marketing**
Von den US-amerikanischen Kommunikationsforschern Lucas Introna und Helen Nissenbaum (2000, 171) stammt der viel zitierte Satz:»To exist is to be indexed by a search engine«, womit die Funktion der Suchmaschinen als moderne Gatekeeper für Informationen ebenso erschreckend wie klar beschrieben ist: Nur was von Google (Marktanteil in Deutschland laut www.seo-united.de mehr als 80 Prozent), Bing, T-Online, Yahoo u. a. indiziert und weit oben gelistet wird, findet bei Internetnutzern noch Beachtung.

Als Suchmaschinen-Marketing werden alle Maßnahmen bezeichnet, die dazu dienen, die Auffindbarkeit eines Webauftritts durch Suchmaschinen wie Google zu verbessern. Dabei kann zwischen **Suchmaschinenoptimierung** (SEO, vom englischen Begriff ›Search Engine Optimization‹) und Suchmaschinenwerbung (SEA, von Search Engine Advertising) unterschieden werden.

Bei der SEO geht es darum, die eigene Website onsite (auch: on page) und offsite (off page) zu optimieren. Zu den wichtigsten Onsite-Maßnahmen gehören die Aufbereitung der Struktur, der Navigation sowie die Schaffung umfangreicher und attraktiver Seiteninhalte. Dagegen bedeutet Offsite-Optimierung die Verbesserung aller für Suchmaschinen relevanten externen Faktoren wie die Steigerung der Link-Popularität, also der Anzahl und Qualität der Links, die auf die eigene Seite verweisen. Denn Links werden von den Suchmaschinen als Empfehlung gewertet – ähnlich wie Zitierungen in einer wissenschaftlichen Arbeit – und gehen in das Ranking einer Website ein.

Unter SEA, also **Suchmaschinenwerbung**, wird das gezielte Bewerben der eigenen Internetseite in Suchmaschinen mittels bezahlter Anzeigen verstanden, die über oder neben den Suchergebnissen erscheinen. Dafür sind auch die Begriffe Keyword Advertising, Sponsored Links, Paid Listings und Paid Placement in Gebrauch. Der Markt der Keyword Anzeigen wird beherrscht von Googles AdWords-Programm, doch arbeiten alle Angebote nach demselben Prinzip: Die Anzeigenplätze werden gewissermaßen versteigert. Jeder Werbekunde nennt für einen bestimmten Suchbegriff (= Keyword) den Preis, den er maximal pro Klick auf seine Anzeige zu zahlen bereit ist. Die Höhe dieses Gebots bestimmt die grundlegende Rangposition der Anzeige. Das Einblenden der Anzeige ist kostenlos; der Werbekunde zahlt erst, wenn auf die Anzeige geklickt wird (Pay per Click).

- **Banner-Marketing**

Unter Banner-Marketing wird die Schaltung von interaktiven, verlinkten Werbeflächen (Bannern) auf fremden Websites oder auf für die jeweilige Zielgruppe relevanten Portalen verstanden. Mit nur einem Klick auf die Werbefläche gelangt der Nutzer auf die beworbene Verlagsseite. Der Vorteil des Banner-Marketings liegt in der Möglichkeit der optimalen Auswahl geeigneter Werbeorte und somit einer gezielten Ansprache potentieller Interessenten oder Kunden. Für Buchverlage sind dies z. B. die Feuilletonseiten von überregionalen Online-Zeitungen und -Zeitschriften sowie Literatur-Blogs und -Communities. Zudem bietet Banner-Marketing eine gute Chance zur Traffic-Generierung, also zur Erhöhung der Besucherzahlen auf der eigenen Verlagsseite.

Bannerwerbung im buchaffinen Umfeld – bislang vor allem von buchfernen Händlern und Dienstleistern genutzt

Allerdings hat sich inzwischen eine spürbare Abstumpfung der Internetnutzer gegenüber Bannern, Popups (aufklappenden Werbefenstern) und Layer Ads (animierten Anzeigen, die sich über den Inhalt einer Website legen) entwickelt. Die Klickraten sinken und es wird bereits von einer ›**Bannerblindheit**‹ bei den Nutzern gesprochen. Trotzdem nehmen Unternehmen die Verärgerung über störende Werbeflächen in Kauf, da der Zwang zum aktiven Wegklicken die Aufmerksamkeit erhöht und so Werbebotschaften (im Unterbewusstsein) verankert werden können.

Newsletter sind periodisch versendete E-Mails mit meist kurzen Meldungen. Per Link gelangt der Empfänger zu ausführlichen Berichten oder Angeboten auf der Website des Absenders. Der Newsletter-Versand erfordert die vorherige Zustimmung (Permission) der Kunden.

- **Newsletter-Marketing**

  Das wichtigste und beliebteste Instrument des digitalen Dialog-Marketings ist nach wie vor das Newsletter- oder E-Mail-Marketing, denn es ermöglicht den zielgenauen Dialog mit den Kunden. Aufgrund der niedrigen Einstiegsinvestitionen und vergleichsweise geringen Betreiberkosten erlaubt es selbst kleineren Unternehmen, Endkundenmarketing zu betreiben – dabei kann auch auf die Unterstützung durch einen der zahlreichen E-Mail-Dienstleister wie inxmail.de oder kajomi.de zurückgegriffen werden. Außerdem lässt sich der Erfolg exakt und ohne großen Aufwand messen, so dass die Aktivitäten schnell korrigiert, neu justiert oder intensiviert werden können. Die bequeme **Response-Möglichkeit** sichert darüber hinaus hohes Dialog-Potenzial.

  Je nach Zielsetzung und Zielgruppe setzen Newsletter unterschiedliche Schwerpunkte, die redaktionell oder werblich sein können; auch Mischformen sind möglich. Das massenweise Versenden unerwünschter Werbe-E-Mails hat aber dazu geführt, dass die Empfänger immer rigoroser mit solchem Spam umgehen und die Newsletter-Akzeptanz abgenommen hat. Die Internet-Nutzer differenzieren allerdings ganz klar zwischen erwünschten und unerwünschten Werbe-Mails: Während abonnierte Newsletter von über 64 Prozent der Internet-Nutzer gelesen oder zumindest überflogen werden, beträgt die Lesequote bei Spam-Mails weniger als 6 Prozent, wie die AGOF 2011 festgestellt hat.

  Dazu kommt noch die juristische Problematik: Der Bundesgerichtshof (BGH) hat bereits 2004 höchstrichterlich festgestellt, dass die Zusendung von unerwünschten Werbe-E-Mails in Deutschland sitten- und damit wettbewerbswidrig ist, und hohe rechtliche Anforderungen an eine Einwilligung formuliert (Double-#Opt-In). 2009 hat der BGH seine Rechtsauffassung bestätigt, dass schon eine erste Spam-Mail einen Unterlassungsanspruch auslösen kann – mit der Folge, dass der Absender eine kostenpflichtige Unterlassungserklärung abzugeben hat. Dabei setzte der BGH den Streitwert des Verfahrens auf 6 000 Euro fest und machte damit klar, dass auch die einmalige Zusendung von unerbetenen Werbe-E-Mails unter Streitwertaspekten keine Lappalie ist. Laut OLG Thüringen (2010) darf es auch in Kundenbeziehungen keine E-Mail-Werbung ohne vorherige Zustimmung geben (hier genügt allerdings ein Single-Opt-In). Im Umgang mit Newsletter-/E-Mail-Marketing sind also Sensibilität und Wissen um die rechtlichen Grundlagen Voraussetzung.

- **Affiliate Marketing**

  Das Affiliate Marketing basiert auf dem Prinzip, dass ein Produktanbieter (Verlag) seine angegliederten Vertriebspartner (= Affiliates) für die Vermittlung von Kunden erfolgsorientiert provisioniert. Der Verlag stellt dazu Werbemittel (z. B. Banner) zur Verfügung, die auf den Websites der Affiliates auf ihn und seine Produkte verweisen. Die Vermittlung geschieht durch einen Link, der einen Code enthält, mit dem der Partner eindeutig identifiziert werden kann, von wem der Kunde/Käufer kam. **Vermittlungsprovisionen** werden sowohl für die reinen Klicks auf das Werbemittel (Pay per Click) als auch für die Übermittlung qualifizierter Kundenkontakte (Pay per Lead) oder den abgeschlossenen Kaufvorgang (Pay per Sale) gezahlt.

  Affiliate-Programme unterstützen vor allem den Verkauf von Waren und Dienstleistungen, sind für Verlage also insbesondere in Verbindung mit einem verlagseigenen Online Shop interessant. So verwundert es nicht, dass die Vorreiter im Buchhandel die Versandhändler waren, für die Affiliate-Marketing seit Jahren zum Standardangebot ihres Online-Marketings gehört. Eines der ältesten Partnerprogramme ist das von Amazon: Wer sich dort als Partner registriert, kann auf der eigenen Homepage Bücher vorstellen und mit einem codierten Link auf Amazon verweisen. Der weltgrößte Versandbuchhändler betreibt darüber hinaus auch die klassische Form solcher Partnerwerbung, wenn er seinen Paketsendungen für die jeweilige Zielgruppe interessante Werbeprospekte beilegt.

- **Virales Marketing**

  Virales Marketing überträgt das bekannte Prinzip der Mundpropaganda (engl.: Word-of-mouth) auf das Internet, indem Werbebotschaften vornehmlich über Soziale Netzwerke wie ein Virus epidemisch verbreitet werden. Im Gegensatz zu anderen Werbeformen ist ihre Initiierung schwieriger, da sie von der Bereitschaft ›neutraler‹ Menschen abhängt, den Virus auch ohne materiellen Anreiz zu verbreiten. Gelingt dies, ist der Erfolg – gemessen am finanziellen Einsatz – meist überproportional groß, nicht zuletzt auch deshalb, weil die Werbebotschaft als solche oft nicht mehr zu erkennen ist, sondern als persönliche Empfehlung daherkommt und deshalb eine hohe Glaubwürdigkeit besitzt.

  Virales Marketing nutzt verschiedene Methoden, Werbebotschaften zu versenden: Meist geschieht dies online, durch Beiträge in

> Word-of-mouth, auch Word-of-mouth Marketing (WOMM), ist eine unbezahlte Werbeform, bei der zufriedene Käufer/Nutzer die Qualitäten eines Produkts/einer Dienstleistung innerhalb ihres sozialen Umfelds loben, ohne davon unmittelbar zu profitieren. Im Deutschen werden dafür die Begriffe Mundpropaganda und Empfehlungsmarketing verwendet.

Digitale Werbeformen

Internetforen oder Blogs, per Mail oder SMS, als Filmclip auf Videoportalen wie YouTube etc. Allerdings kann die ›Infizierung‹ auch offline erfolgen, z. B. durch die Verteilung von Werbepostkarten (Freecards). Voraussetzung für den Erfolg ist, dass das Kampagnengut nützlich, witzig, außergewöhnlich, überraschend oder sonst wie Aufmerksamkeit erregend ist. Um die Effizienz der Kampagne zu sichern, wird die Weiterempfehlung häufig durch Prämien, Boni oder Gewinnchancen unterstützt. So wird Werbung zur tausendfach verbreiteten Nachricht.

Eine (besonders aufwändige) Sonderform des viralen Marketings ist das **Alternate Reality Game** (ARG). Es beschränkt sich nicht – wie andere Spiele – auf ein Format oder Medium, sondern nutzt alle Möglichkeiten des Internets für sich, integriert zugleich die Lebensumgebung der Spieler und wechselt so zwischen virtuellen und realen Spielwelten. Die ersten ARGs wurden in den 1990er Jahren in den USA realisiert und lösten Anfang des neuen Jahrtausends einen kurzzeitigen Hype aus. In Deutschland startete die Deutsche Telekom 2006 das erste transmediale Spiel dieser Art, 2007 unternahm Droemer Knaur als erster Verlag den Versuch, einen Roman – den Thriller *Das Kind* von Sebastian Fitzek – durch ein Alternate Reality Game zu bewerben.

Um den erfolgreichen Taschenbuchautor auch im Hardcover durchzusetzen, ließ Droemer Knaur durch eine Agentur ein Spiel initiieren, das die Vorgeschichte des Romans zum Gegenstand hatte, im Internet begann und mit einer realen Begegnung mit dem Autor endete. Die Aktion verschaffte dem Verlag eine beachtliche Medienresonanz und überwiegend wohlwollende Kommentare im Internet. Offen bleibt aber, inwieweit das ARG auch Buchverkäufe ausgelöst hat. Die Zielsetzung, eine internetaffine Avantgarde so viel Aufruhr erzeugen zu lassen, dass dieser auf die buchaffinen Zielgruppen übergreift und sie

Website des Alternate Reality Game zum Thriller *Der Regler* (Scherz, 2011)

zum Kauf des Romans motiviert, ist ambitioniert – und hat in Deutschland bisher nur sehr eingeschränkt funktioniert: Meist war der (nicht messbare) Imagegewinn deutlich größer als der quantifizierbare Umsatzzuwachs.

Da die digitale Welt sich ständig weiter entwickelt, ergeben sich immer wieder neue Möglichkeiten des digitalen Marketings, die von den Verlagen kritisch geprüft und gegebenenfalls getestet werden sollten. Eine viel diskutierte und bereits häufig genutzte Werbeform stellt das Social Media Marketing dar, das im folgenden Unterkapitel ausführlicher betrachtet werden soll.

6.3 Social-Media-Marketing

Als Social Media (Soziale Medien) werden alle Medien (Plattformen) bezeichnet, die Internetnutzer verwenden, um zu kommunizieren und gemeinschaftlich mediale Inhalte zu gestalten. Der so entstehende #**User Generated Content** ist für alle kostenfrei nutzbar. Social Media basieren auf den technologischen Grundlagen des interaktiven Web 2.0, in dessen ›Windschatten‹ sie sich Anfang des neuen Jahrtausends entwickelt haben.

Ein Charakteristikum von Social Media ist demzufolge **Interaktivität** (der treffende und anfänglich ebenfalls verwendete deutsche Begriff ›Mitmachmedien‹ hat sich nicht durchgesetzt). Dazu gehört auch die Möglichkeit, die Vernetzung z. B. durch Social Tagging zu fördern. Damit ist gemeint, dass als positiv angesehene Inhalte mit Symbolen indexiert (›getaggt‹) und so leichter auffindbar gemacht werden. Bei Bücherlesern beliebt ist das **Bookmarking:** Dabei werden Texte von Lesern gemeinschaftlich indiziert, indem Social Bookmarks (›soziale Lesezeichen‹) auf speziellen Internet-Plattformen (wie oneview.de, mister-wong.de u. a.) abgelegt werden. Die eigenen Lesezeichen können bewertet, kommentiert, mit Schlagwörtern versehen (›getaggt‹) oder gelöscht sowie Lesezeichen anderer Nutzer eingesehen und bei Gefallen übernommen werden.

Social Media bieten Verlagen vielfältige Möglichkeiten für die Kommunikation mit ihren Kunden, bringen aber auch neue Fragen mit sich: Auf welchen Kanälen sind die eigenen Zielgruppen am effektivsten zu erreichen? Wie sieht eine erfolgreiche Positionierung im Social Web aus und wie kann ein lebendiger Austausch mit der Online-Community or-

> Mit Tags (engl. = Etikett, Anhänger) werden im Web abgelegte Objekte wie Blogeinträge, Fotos oder Bookmarks vom Urheber und anderen Personen verschlagwortet (getaggt). Mehrere Schlagwörter zu einem Objekt können in einer Tag Cloud visualisiert werden, wobei die populärsten Begriffe am größten dargestellt sind.

Ein Wiki (hawaiianisch für schnell) ist ein offenes Autorensystem für Webseiten, deren Inhalte von den Nutzern online korrigiert und/oder ergänzt werden können.

KLASSIFIKATION SOZIALER MEDIEN (nach Kaplan/Haenlein 2010)		
FORMEN	**FUNKTION**	**BEISPIELE**
KOLLABORATIVE PLATTFORMEN	Gemeinschaftliche Erstellung von Inhalten	Wikipedia u.a. Wikis
BLOGS / MICROBLOGS	Meinungsaustausch und Diskussion, Hilfestellung in allen Lebensfragen	wasmitbuechern.de; Twitter
CONTENT COMMUNITIES	Austausch von Inhalten (Texten, Fotos, Videos etc.)	Flickr, YiGG, YouTube
SOZIALE NETZWERKE	Selbstpräsentation und Kontaktsuche	Facebook, MySpace, Pinterest, Xing
ONLINE-SPIELE UND VIRTUELLE WELTEN	Fun und Thrill in interaktiven Computer-Rollenspielen, die nur über das Internet spielbar sind (auch als MMORPGs = Massively Multiplayer Online Role-Playing Games bezeichnet), sowie in virtuellen Welten, in denen sich mehrere Nutzer gleichzeitig und unabhängig voneinander bewegen	World of Warcraft; Second Life

ganisiert werden? Die Antworten darauf definieren die Aufgaben des Social Media Marketings. Durch den Aufbau einer dauerhaften Verbindung zwischen dem Verlag und seinen Kunden können die Aufmerksamkeit für die Verlagsmarke, für Autoren und Produkte erhöht sowie deren Wahrnehmung und Image verbessert werden.

Ein wichtiges Kriterium für den Erfolg im Umgang mit Social Media sind **Authentizität** und **Glaubwürdigkeit**. Themen, die Verlage in Sozialen Medien platzieren möchten, sollten attraktiv aufbereitet sein. Der Informationswert muss dominieren und den Verkaufsaspekt in den Hintergrund treten lassen. Nur eine Kampagne, bei der sich die Nutzer nicht als Verkaufsagenten missbraucht fühlen, wird auf positive Resonanz stoßen und die größtmögliche Anzahl von positiven Bewertungen stimulieren. Empfehlungen durch die Endkunden werden als glaub- und vertrauenswürdiger angesehen als Informationen, die vom Anbieter selbst verbreitet werden, und unterstützen damit letztlich auch den Verkauf des jeweiligen Produkts. Social Media sind somit bestens geeignet, online ein **Empfehlungsmarketing** anzustoßen, das nicht nur die Markenbekanntheit steigert, sondern auch die kundenbezogene

Kommunikation des Verlags fördert, indem über Soziale Netzwerke neue Zielgruppen aufgebaut und zu Communities zusammengeschlossen werden können.

Ein Beispiel dafür ist **LovelyBooks,** die mit rund 150 000 registrierten Lesern größte Leser-Community in Deutschland. Neben Buchtipps, Rezensionen und Buchbewertungen von Lesern für Leser bietet das Ende 2006 gegründete Tochterunternehmen der Verlagsgruppe Georg von Holtzbrinck eine Plattform für den Austausch über Bücher und Autoren aus derzeit 45 Gruppen- und Partnerverlagen. Dies geschieht u.a. durch die Organisation von Leserunden, deren Mitglieder sich via Social Reading Stream über ein gerade gleichzeitig (›gemeinsam‹) gelesenes Buch austauschen wollen – ganz gleich ob im Web, über E-Book oder Smartphone.

Homepage von LovelyBooks, der größten deutschsprachigen Literatur-Community

Die beteiligten Verlage können das Netzwerk auch dazu nutzen, Testleser zu akquirieren, an die ausgewählte Neuerscheinungen verschickt werden, um durch Leserrezensionen den Abverkauf gleich zum Erscheinen zu unterstützen (ein ähnliches Angebot machen z.B. die Bonnier-Verlage mit ihrer Plattform **vorablesen.de**). Darüber hinaus werden Diskussionsrunden mit Autoren organisiert, die dazu beitragen, Aufmerksamkeit in der Zielgruppe zu generieren.

Social Reading bezeichnet die gemeinschaftliche Lektüre und das parallele oder anschließende Diskutieren und Teilen der Leseerlebnisse im Internet.

Noch einen Schritt weiter geht das in Berlin ansässige Start-up-Unternehmen **Readmill** (readmill.com). Nach dem Download einer Ende 2011 gelaunchten kostenlosen iPad-App können die registrierten Mitglieder ihre E-Books (sofern diese nicht kopiergeschützt sind) in die Readmill-App importieren und mit dem Konto verknüpfen. Damit startet das ›soziale Erlebnis‹: Die App zeigt an, was andere gerade lesen, anmerken oder kommentieren, und registriert, welche Passagen der Leser selbst bemerkenswert findet. Das alles kann dann über Readmill und Soziale Netzwerke wie Facebook oder Twitter geteilt und öffentlich zur Diskussion gestellt werden.

Carlsen bei Facebook – mehr als 10 000 Buchfreunden gefällt das

Da der Aufbau eigener Plattformen im Internet zeit- und kostenintensiv ist und es angesichts der großen Konkurrenz keine Gewähr dafür gibt, für solche Neugründungen hinreichend viele Interessenten zu gewinnen, konzentrieren sich die meisten Verlage auf die drei größten Social Media-Kanäle in Deutschland, also Facebook, Twitter und YouTube.

In Deutschland waren Anfang 2013 rund 25 Millionen Accounts bei **Facebook** gemeldet – allerdings registrierte der Marktführer unter den Sozialen Netzwerken erstmals einen leichten Rückgang der aktiven Nutzer. Trotzdem ist die Marktdurchdringung vor allem bei jüngeren Menschen enorm (das Durchschnittsalter deutscher Facebook User liegt bei etwa 30 Jahren), und so nutzen vor allem Publikumsverlage die Möglichkeit, eine eigene Fanpage auf Facebook einzurichten. Dort können neue Bücher angezeigt, Autoren und Verlagsmitarbeiter vorgestellt und Werbeaktionen angekündigt werden. Einzelne Verlage erstellen auch für bestsellerverdächtige Buchtitel oder Autoren (wie Hanser für Daniel Glattauer) eigene Fanpages. Letztere haben deutlich größeres Potenzial, Fans zu gewinnen, als die reinen Verlagsseiten, die sich meist mit eher bescheidenen Zahlen begnügen müssen. Verlage wie Carlsen und Lübbe mit jeweils mehr als 10 000 ›Likes‹ (Gefällt-mir-Clicks) gehören schon zu den erfolgreichen Beispielen in Deutschland. Zum Vergleich: Random House Inc., nach eigener Aussage »the world's largest English language trade publisher« (www.facebook.com/RandomHouseInc/info), verzeichnet fast 100 000 Fans.

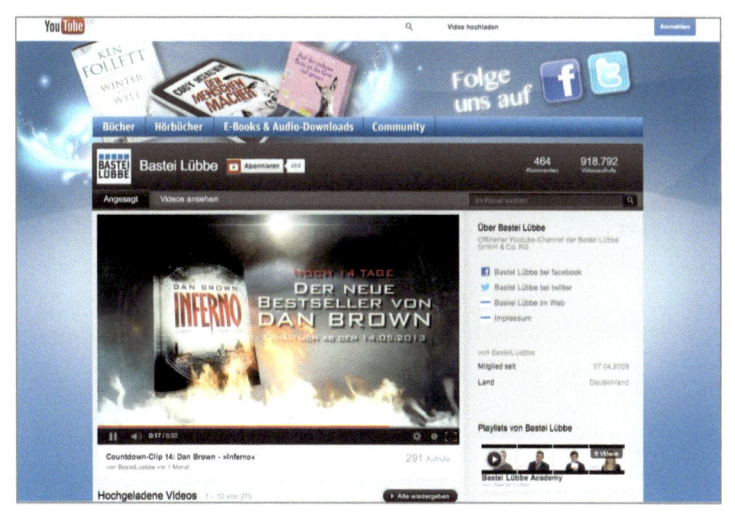

Der YouTube Channel von Bastei Lübbe bietet mehr als 250 Video-Clips

Auch der kostenlose Kurznachrichtendienst **Twitter** wird von einer wachsenden Zahl von Verlagen genutzt, um mit Lesern zu kommunizieren. In den auf 140 Zeichen beschränkten Nachrichten verweisen sie auf Neuerscheinungen, Lesungen und Verkaufsaktionen. Mit einem Link gelangen die Empfänger auf die Website, wo es weitere Informationen zum Thema gibt. Ein Vorteil von Twitter ist, dass Fragen direkt beantwortet und Empfehlungen kommentiert werden können – vorausgesetzt natürlich, dass im Verlag Mitarbeiter dafür freigestellt werden. Aufgrund des hohen Tempos von Twitter lässt sich auch in Echtzeit erkennen, wenn z. B. eine Kampagne in die falsche Richtung läuft oder sich ein Protest gegen ein Buch oder einen Verlag formiert.

Beeindruckend groß ist bereits die Bandbreite der Verlage, die inzwischen ihren eigenen **YouTube**-Kanal eröffnet haben und dort mit Trailern, Interviews und Lesungsmitschnitten über ihr Programmangebot berichten. Die Palette reicht von Publikumsverlagen wie Bastei Lübbe und Piper über Ratgeberverlage wie Kosmos und Ulmer bis zu Fach- und Bildungsverlagen wie C.H. Beck und Cornelsen. YouTube verdeutlicht auch sehr gut die Synergien, die sich für Verlage bieten: Buchtrailer und Autoreninterviews, die für die eigene Website produziert wurden, lassen sich hier ebenso nutzen wie Mitschnitte von Veranstaltungen und Videoaufzeichnungen Dritter (von denen natürlich die Rechte eingeholt werden müssen). So entsteht ein dichtes Netz an Informationsangeboten, in dem sich die im Internet aktiven potenziellen Kunden verfangen und zum Zentrum – dem Online-Shop – vordringen sollen. Denn letztlich geht es bei aller Freude an Kundenkontakten und Kommunikation darum, Umsätze zu generieren, die den investierten Aufwand rechtfertigen.

Online-Marketing bietet – wie dargestellt – vielfältige Möglichkeiten, buchaffine Menschen anzusprechen und Aufmerksamkeit für ein Buch, ein Thema, einen Autor und seine Geschichte zu wecken. Letztlich ist es aber immer noch nur ein Element im Rahmen des gesamten Verlagsmarketings. Wichtig sind die richtige Kombination aus Kreativität, Akzeptanz und Reichweite sowie eine enge Verzahnung aller Maßnahmen – und dazu gehört unbedingt auch das klassische Produkt-, Handels- und Endkundenmarketing.

Verwendete und weiterführende Literatur

AGOF e. V.: *internet-facts 2012-05*. URL: www.agof.de/index.583.html [Zugriff: 1.8.2012].

Bernecker, Michael | Beilharz, Felix: *Social Media Marketing: Strategien, Tipps und Tricks für die Praxis*. Bergisch-Gladbach: Johanna 2011.

Born, Stephanie: *Neue Wege zum Leser. Konzeption und Akzeptanz von internetbasierten Leserbindungsmaßnahmen bei Publikumsverlagen*. Thesis Stuttgart: Hochschule der Medien 2010.

Breyer-Mayländer, Thomas: *Online-Marketing für Buchprofis*. (Edition Buchhandel 14). Frankfurt am Main: Bramann 2004.

Ehling, Holger (Hrsg.): *Social Media für die Verlagspraxis*. Mit Beiträgen von Holger Ehling, Wibke Ladwig, Steffen Meier, Peter Schmid-Meil und Ruth Schöllhammer (Edition Buchhandel 21). 2. Aufl. Frankfurt am Main: Bramann 2013.

Introna, Lucas | Nissenbaum, Helen: *Shaping the Web: Why the Politics of Search Engines Matters*. In: The Information Society 16 (2000) 169–185.

Kaplan, Andreas M. | Haenlein, Michael: *Users of the world, unite! The challenges and opportunities of Social Media*. In: Business Horizons 53 (2010) 59–68.

Rudloff, Stefanie: *Filme als Instrument der Endkundenansprache im Marketingmix von Publikumsverlagen* (Stuttgarter Beiträge zur Verlagswirtschaft 1). Stuttgart: Hochschule der Medien 2009; zum Download unter URL: www.mediapublishing.org/images/stories/rudloff_volltext.pdf

Scott, David Meerman: *Die neuen Marketing- und PR-Regeln im Web 2.0. Wie Sie im Social Web News Releases, Blogs, Podcasting und virales Marketing nutzen, um Ihre Kunden zu erreichen*. 2. Aufl. Heidelberg: mitp 2010

Anhang

#Spotlights

ABC-ANALYSE Betriebswirtschaftliches Analyseverfahren, mit dessen Hilfe das Programm (aber z. B. auch die Kundenstruktur) eines Verlags nach Umsatzstärke in drei Kategorien (von A = top bis C = unbedeutend) eingeteilt wird.

BACKLIST Gesamtheit der älteren lieferbaren Titel eines Verlags im Gegensatz zu den Neuerscheinungen (Erst- und Neuauflagen). Das Antonym zu Backlist, der Begriff Frontlist, wird im Verlagsalltag weniger genutzt.

BENCHMARKING Vergleich der Produkte, Dienstleistungen und Aktivitäten des eigenen Unternehmens mit denen der (führenden) Wettbewerber, um aus der Analyse der eigenen Schwächen eine Marketingstrategie zu entwickeln.

CO-BRANDING Markenpartnerschaft von zwei (oder mehr) unabhängigen Unternehmen, die ein Produkt/Leistungsangebot gemeinsam markieren, um wechselseitig vom Markenimage des/der Partner/s zu profitieren (= Markenallianz). Beispiel für eine solche Partnerschaft sind z. B. die bei MairDumont in Kooperation mit einem Versicherungsanbieter erschienenen *Baedeker Allianz Reiseführer*.

CORPORATE BOOK Unternehmenspublikation in Buchform, die im Rahmen des Corporate Publishing auf das Unternehmen, seine Produkte oder Dienstleistungen aufmerksam macht.

CORPORATE BRANDING Weiterentwicklung der Idee der Corporate Identity: Dabei soll ein Unternehmen in den Köpfen von Anteilseignern, Mitarbeitern, Kunden und der Öffentlichkeit als Marke verankert werden.

CORPORATE PUBLISHING Das Erstellen und Publizieren von Medien aller Art (Kunden- und Mitarbeiterzeitschriften, Büchern, E-Journals, Apps, Videos etc.) mit dem Ziel, die Aktivitäten und Interessen eines Unternehmens zu vermitteln sowie Marken- und Image-Bildung zu betreiben. Zielgruppen sind Kunden, Mitarbeiter, Multiplikatoren und sonstige Anspruchsgruppen (Stakeholder).

DECKUNGSBEITRAG Beitrag, den ein Verlagsprodukt zur Deckung der Gemeinkosten leistet. Die Deckungsbeitragsrechnung ist ein Instrument des Controllings: Sie vergleicht die erwirtschafteten Umsatzerlöse mit den direkt zuzurechnenden Kosten und ermittelt so, ob ein Produkt wirtschaftlich ist.

DIALOGMARKETING Sammelbegriff für alle Aktivitäten, die – anders als klassisches Direktmarketing – auf die Initiierung eines Dialogs mit dem Kunden zielen. Dieser soll durch einen schriftlichen (Mailing), telefonischen (Call Center) oder elektronischen Kontakt (SMS) nicht nur zu einer Antwort (Bestellung), sondern zum Aufbau einer dauerhaften Beziehung bewegt werden.

IMPRINT Nach außen (gegenüber der Öffentlichkeit) eigenständig auftretende Verlagsmarke (z. B. Krüger, Malik oder Eichborn), die aber rechtlich zu einem anderen Verlagsunternehmen (S. Fischer, Piper bzw. Bastei Lübbe) gehört. Diese Abhängigkeit wird oft erst durch einen Blick in das Impressum (engl. = Imprint) deutlich.

KÄUFERMARKT Markt, auf dem ein Angebotsüberschuss besteht. Folgen dieser heute typischen Marktsituation sind Preisnachlässe. Bei einem Nachfrageüberhang (also mehr Kaufinteressierten als angebotenen Waren) spricht man dagegen von einem Verkäufermarkt. Die Regulierung erfolgt über steigende Preise.

MEDIENBRUCH Bezeichnung für einen erzwungenen Wechsel des Mediums im Laufe eines Prozesses (der Informationsbeschaffung, -suche, -weitergabe). Ein typisches Beispiel ist der Wechsel vom Internet zum Papier, wenn etwa bei einem online ausgefüllten Dokument wegen einer abschließend geforderten persönlichen Unterschrift ein Ausdruck notwendig wird. Durch Medienbrüche wird das Risiko, dass ein Prozess abgebrochen wird, signifikant erhöht.

ME-TOO-PRODUKTE Nachahmerprodukte (engl. me too = ich auch), die gelungene Innovationen imitieren, um an deren Erfolg zu partizipieren.

MULTI-CHANNEL-VERTRIEB Bezeichnung für den parallelen Vertrieb von Produkten eines Anbieters (Verlags) über mehrere Absatzkanäle, z. B. über den stationären Buchhandel, per Katalog und im Online-Shop.

OPT-IN Verfahren, bei dem die Kontaktaufnahme per E-Mail, Newsletter, SMS oder Telefon eine vorherige Zustimmung des Empfängers voraussetzt (engl. to opt = sich für etwas entscheiden). Beim Single-Opt-In wird bei der Akquisition der Adresse die weitere Versorgung mit (Werbe-)Informationen angeboten und um die Einwilligung des Adressaten gebeten. Beim Double-Opt-In erhält der Adressat anschließend noch einmal eine Nachricht (meist per E-Mail), die er bestätigen muss, um endgültig in die Mailingliste des Versenders aufgenommen zu werden.

PARTIE Buchhändlerischer Fachbegriff, der eine Mindestabnahmemenge (bei Publikumsverlagen meist 10 Exemplare, bei Fachverlagen deutlich weniger) bezeichnet, bei der ein Buchhändler ein Exemplar als Freistück (Partie-Exemplar) erhält und damit den ihm gewährten Rabatt verbessert.

POINT OF SALE (engl. = Ort des Verkaufs; kurz: PoS)   Ort, an dem die Ware präsentiert wird und der Kunde seinen Einkauf tätigt. Hier können gezielt Maßnahmen zur Verkaufsförderung eingesetzt werden. Beim E-Commerce verlagert sich der PoS ins Netz und damit in den privaten Bereich oder an den Arbeitsplatz des Kunden.

PRODUCT BUNDLING (engl. = Produktbündelung)   Kombination zweier eigentlich unabhängiger Produkte, die zu einem neuen Preis in den Handel kommen. Die Bündelung soll die Attraktivität der einzelnen Bestandteile des Kombiprodukts erhöhen; zugleich wird die Markttransparenz (also ein Preisvergleich) erschwert.

REMISSIONSRECHT   In der Regel wird dem Buchhändler vom Verlag beim festen Einkauf von Büchern ein Rückgaberecht eingeräumt. Es erlaubt ihm, einen vorher vereinbarten Anteil der bezogenen Ware zu remittieren (von lat. remittere = zurückschicken), sollte sich diese als unverkäuflich erweisen. Er erhält dafür eine Gutschrift oder die Möglichkeit einer Ersatzbestellung.

TESTIMONIAL (engl. = Referenz, Zeugnis)   Positive Stellungnahme einer der Zielgruppe bekannten Person zur Erhöhung der Glaubwürdigkeit eines Produkts oder einer Dienstleistung.

USER GENERATED CONTENT   Bezeichnung für Inhalte, die von den Nutzern partizipativer Plattformen wie Facebook, Wikipedia oder YouTube geschaffen (generiert) werden. Waren die Nutzer (User) im Web 1.0 nur Rezipienten/Konsumenten, so haben sie sich mit dem interaktiven Web 2.0 zusätzlich zu Produzenten entwickelt. Aufgrund dieser Doppelrolle werden sie auch als Prosumer bezeichnet.

WERBEMITTEL Die vom Kunden wahrnehmbare Form einer Werbebotschaft, also z. B. eine gedruckte Anzeige oder ein elektronisches Werbebanner. Werbemittel werden über Werbeträger, wie Zeitungen, Plakate, Fernsehen und Hörfunk, Lichtreklame u. a. m., transportiert.

Namensregister

Das Register verzeichnet Personen und Verlage, die im Fließtext genannt werden; Buch- und Zeitschriftentitel wurden nicht aufgenommen.

Ahern, Cecilia 93
Altenhein, Hans 69
Amendt, Günter 38

Bastei Lübbe (Verlag) 78, 150f.
Baumhaus (Verlag) 135
Benn, Gottfried 126
Behrens, Peter 34
Bennett, Alan 87
Bertelsmann (Verlag) 97
BI/Brockhaus (Verlag) 33, 97
Bohrer, Karl Heinz 38
Bonnier Verlagsgruppe 149
Borden, Neil H. 20
Brückner, Christian 114
Bruhn, Manfred 28
Büchergilde Gutenberg 39
Busch, Wilhelm 129

Carlsen (Verlag) 64, 65, 95, 150
Carlyle, Thomas 104
C. H. Beck (Verlag) 151
Coetzee, J(ohn) M. 88
Cornelsen (Verlag) 151
Conrad, Markus 15
Coppenrath (Verlag) 129f.
Cotta, Johann Friedrich 9
Crumb, Robert 38

Diederichs, Eugen 90
Diogenes (Verlag) 29, 39, 53, 74
Domizlaff, Hans 29, 34
Droemer Knaur (Verlag) 50, 140, 146
Drucker, Peter 14
dtv (Verlag) 37
Duden (Verlag) 33

Eco, Umberto 93
Ernst Klett (Verlag) 31
Esch, Franz-Rudolf 30

Feldmann, Rötger (alias Brösel) 129
Fischer (Verlag) 35, 87f., 92
Fischer, S(amuel) 90
Fitzek, Sebastian 146
Fleckhaus, Willy 35

Follett, Ken 27
Frankfurter Verlagsanstalt 97
Frech (Verlag) 20
Frei, Aldo 75f.
Fried, Erich 87

García Márquez, Gabriel 88
Genette, Gérard 100
Gent, Sigrid 71
Glattauer, Daniel 150
Goerke, Jochen 91
Goldmann (Verlag) 101
Göschen, Georg Joachim 75
Grabovszki, Ernst 55
Groothuis, Rainer 84
GU/Gräfe und Unzer (Verlag) 140

Hacke, Axel 114
Hammett, Dashiell 74
Hanser (Verlag) 150
Harenberg (Verlag) 119
Harenberg, Bodo 67, 70
Harksen, Hans-Gustav 45
Haslam, Andrew 92
Hatje Cantz (Verlag) 53
Heimann, Holger 38
Heine, Thomas Theodor 90
Heller, André 97
Hemingway, Ernest 126
Herhaus, Ernst 38
Hoffmann & Campe (Verlag) 135
Hoffmann, Heinrich 129
Hölker, Wolfgang 129f.
Holtzbrinck Verlagsgruppe 149
Hopf, Andreas 71
Hundertwasser, Friedensreich 97
Hüther, Gerald 101

Insel (Verlag) 35, 36
Introna, Lucas 142

Johnson, Uwe 92

K. Werner (Verlag) 67
Kano, Noriaki 17
Keel, Daniel 74

Kiepenheuer & Witsch (Verlag) 140
Kippenberg, Anton 36
Kirsch, Tom 44
Klett Cotta (Verlag) 139
Klett, Michael 32
Kliemann, Horst 10
Kneffel, Karin 97
Kohl, René 87
Kosmos (Verlag) 78, 111, 151
Kroehl, Heinz F. 91, 98
Krüger, Jens-Peter 14

La Tour, Georges de 96
Langen, Albert 90
Langenscheidt (Verlag) 31, 35, 85
Langenscheidt, Carl 31
Langenscheidt, Gustav 31
Langewiesche, Robert 104
Lindenberg, Udo 97
Loewe (Verlag) 140
Lovenberg, Felicitas von 92f.
Luft, Sabine 54
Lüpertz, Markus 97

Markoff, Jürgen 105
März (Verlag) 38
Meyer, Stephenie 64
Moritz, Rainer 51
Muhammad Ali 85
Müller-Stahl, Armin 97
MVB (Verlag) 119, 122

Newton, Helmut 85f.
Nissenbaum, Helen 142
Noll, Ingrid 96

O'Connor, Frank 74

Pabel-Moewig (Verlag) 96
Penck, A. R. 96
Perry, Michael 33
Perseus Books (Verlag) 135
Piatti, Celestino 37
Picoult, Jodi 78
Piper (Verlag) 151
Pons (Verlag) 32, 35
Post, Alexandra 29
Precht, Richard David 101

Ramseger, Georg 71
Random House (Verlag) 150

Rauch, Neo 98
Rautenberg, Ursula 83
Ravensburger (Verlag) 79
Reclam (Verlag) 33
Rehberg, Dörte 84
Richter, Peter 98
Riepl, Wolfgang 10
Rizzi, James 97
rororo/Rowohlt (Verlag) 35, 118, 140
Rowling, Joanne K. 65
Rowohlt, Ernst 75
Rowohlt, Harry 114

Schätzing, Frank 114
Schiller, Friedrich 9
Schmidt & Günther (Verlag) 85
Scholz, Karin 127
Schröder, Jörg 38
Schüssel, Sandra 38
Semmel/Achterbahn (Verlag) 129
Sick, Bastian 114
Siedler, Wolf Jobst 35
Slevogt, Max 90
Soyinka, Wole 96
Spiegel (Verlag) 67, 119
Sprang, Christian 62
Stefan, Renate 100
Steidl (Verlag) 50
Steiner, George 35
Steward, Sean 135
Suhrkamp (Verlag) 35f., 111
Süskind, Patrick 96

Taschen (Verlag) 50, 85, 111
Taschen, Benedikt 85f.
Tielebier-Langenscheidt, Karl-Ernst 31
Toulouse-Lautrec, Henri de 90

Ulmer (Verlag) 151
Unseld, Joachim 97f.
Unseld, Siegfried 35
UTB (Verlag) 35

Vandenhoeck & Ruprecht (Verlag) 101
Voerster, Oliver 65

Wagenbach (Verlag) 87, 118
Wagenbach, Klaus 35, 87
Watteau, Antoine 96
Weber, Bruno 37

Weisman, Jordan   135
Weldon, Fay   135
Weltbild (Verlag)   97
Wolff, Kurt   14

Zimmer-Bradley, Marion   93
Zittwitz, Christian von   67
Zur Westen, Walter von   90
Zweitausendeins (Verlag)   38

Sachregister

Die **bold** gesetzten Seitenzahlen verweisen auf einen erklärenden Eintrag als #Spotlight.

ABC-Analyse   23, 43, **153**
Affiliate Marketing   145
AIDA-Prinzip   47f.
All-Age-Titel   94
Alternate Reality Game (ARG)   146
Antwortkarte   59
Anzeigenpreise   80
Anzeigentypen   76–79
Anzeigenwerbung   108f.
ARG → Alternate Reality Game
Artwork   131
Aufsteller   81, 112
Auftragskommunikation   117
Außendienst → Verlagsvertreter
Außenwerbung   109
Ausstanzung   89

Backlist   22, 108, **153**
Banner-Marketing   143
Bauchbinde   57
Beflockung   89
Begeisterungs-Anforderungen   17
Begleitbrief   61
Benchmark(ing)   31, **153**
Bestsellerlisten   70–74
Blog   139, 148
Bookmarking   147
Branchenmagazine   67–74
B2B → Business to Business
B2C → Business to Consumer
Bücherschau   115
Buchhandelsanzeigen   75–80

Buchumschlag   37, 90–100, 103f.
Buchverkaufslisten → Bestsellerlisten
Buchwochen   115
Business to Business   46
Business to Consumer   46, 110

CD → Corporate Design
Celebrity Testimonial   109
Character Merchandising   129f.
Chat   139
CI → Corporate Identity
Co-Branding   83, 132f., **153**
Communities   140, 148f.
Corporate Book   84, **153**
Corporate Branding   39, **153**
Corporate Design   33–39, 81, 119, 122
Corporate Identity   33–39
Corporate Publishing   117, **153**
Couponing   133
Cross Advertising   133
Cross Marketing   132
Cross Promotion   133
Cross Referencing   133

Dachmarke   39
Datenfernübertragung (DFÜ)   64
Deckenhänger   81, 112
Deckungsbeitrag   43, **153**
Dekorationsmaterial   112
DFÜ → Datenfernübertragung
Dialogmarketing   120, **154**
Differenzierung, relevante   29
Direktmarketing   109f.

Direktwerbung 120f.
Display 81, 111
Distributionskanäle 41, 109, 141
Double-Opt-In → Opt-in

E-Commerce 122
E-Mail-Marketing 144
Einzelmarke 39
Empfehlungslisten 73
Empfehlungsmarketing 148
Endkunden-Kampagne 25
Erfahrungsgüter 29
Erscheinungstermin 61
Erstverkaufstag (EVT) 61–66

Faksimile 39
Fanpage 150
FAQ 140
Folienkaschierung 89
Formate (Buch) 84–86
Formate (Verlagsvorschau) 49f.
Füllanzeige 124
Funktionswandel 43

Garantiefunktion (Marke) 28
Gatekeeper 67
Gemeinfreiheit 95
Gemeinschaftswerbung 120
Gesamtverzeichnis 112
(Gewinn-)Spiel 140
Gimmick 60f.
Give-away 81, 123

Handelsvertreter → Verlagsvertreter

Identifizierungsfunktion (Marke) 28
Imprint 50, 129, **154**
Incentive-Programm 21
Individualisierungsfunktion (Marke) 28
Ingebrauchnahme 102
Ingredient Branding 133
Intermediär 137
Internet-Auftritt 122

Kalligrafie 98
Kano-Modell 17
Käufermarkt 13, **154**
Kennzeichnungskraft 102
Key Account (Manager) 43
Keyword Advertising 143

Klappentext 103–105
Kommunikationspolitik 21, 116, 133
Konventionalstrafe 64f.
Kooperationsmarketing 132–135
Kundenadressen 113, 120
Kundenclubs → Communities
Kundenmagazin 117–120
Kundenorientierung 13, 16
Kundenzufriedenheit 16
Kunst am Buch 95–100

Lackierung 89
Lagerumschlagsgeschwindigkeit 80
Layer Ads 143
Leistungsversprechen 28
Leseexemplar 57–59, 63
Leseprobe 59, 112
Leserrezension 140
Lesezeichen 112, 127, 147
Lesung 113f., 123
Licensing 128
Link-Popularität 142
Livebook 55f.
Longseller 88

Mailing 110
Marke 27–33
Markenfamilie 39
Markengesetz 102
Marketing-Mix 20
Marketingmanagement 20
Marktsegmentierung 18f.
Materialien 86–88
Medienbruch 138, **154**
Me-too-Produkte 87, 93f., **154**
Mediennutzungsverhalten 137f
Medienverbund 131
Merchandising 128–131
Microblog 148
Microsite 139
Multi-Channel-Vertrieb 21, **154**
Multimedia-Show 113–115
Mundpropaganda 145

Naturalrabatt 122
Netto(Verlags)erlös 26
Newsletter(-Marketing) 120, 144
Non Book 130
Normvertrag 101

Sachregister

Onlinemagazin   140
Online-Shop   122, 141, 145, 152
Opt-in   144, **154**

Paid Listings   143
Paid Placement   143
Panel   73
Paratexte   100–105
Partie   111, **155**
Partner-Kundenzeitschrift   118f.
Pay per Click   143, 145
Pay per Lead   145
Pay per Sale   145
Persona   19, 20
Plakat   60, 81, 112
Podcast   140
Point of Sale   63, 80, 88, 107, 110–115, 123, **155**
Pop-up-Store   111
Popup   143
PoS → Point of Sale
PR-Texte   79
Prägung   89
Preisausschreiben   112f.
Pressekodex   80
Prioritätsrecht   101f.
Product Bundling   132f., **155**
Product Placement   135
Produktlebenszyklus   18
Programmvorschau → Verlagsvorschau
Promotion Package   56–61
Prospekt(beilage)   81, 112, 120, 127
Publikumsverlag   107
Pull-Marketing   24, 25
Push-Marketing   23, 24

QR-Code   49

Remissionsrecht   114, **155**
Rieplsches Gesetz   10
Response(quote)   113, 144

Schaufensterwerbung   121f.
Schemaliteratur   29
Schmutztitel   63
Schnittverzierung   89
Schutzumschlag → Buchumschlag
SEA → Suchmaschinenwerbung
SEO → Suchmaschinenoptimierung

Signierstunde   123
Single-Opt-In → Opt-in
Sinus-Milieus   18f.
Social Media Marketing   147–152
Social Media Monitoring   19
Social Reading   149
Social Tagging   147
Special-Interest-Verlag   107
Sperrvermerk   63
Spitzentitel   22, 52, 56, 112
Sponsored Links   143
Streuverluste   23
Suchmaschinen-Marketing   142f.
Suchmaschinenoptimierung (SEO)   142
Suchmaschinenwerbung (SEA)   142f.

Tag   147
Teaser   104
Testimonial   104, 109, **155**
Titel   100–103
Titelschutz   101–103
Trailer   140, 151
Typografie   98f.

UAP → Unique Advertising Proposition
Umschlag → Buchumschlag
Umverpackung   58
Unique Advertising Proposition (UAP)   16
Unique Selling Proposition (USP)   16
Unterlassungserklärung   67
Unterscheidungsfunktion (Marke)   28
Unterscheidungskraft   102
User Generated Content   147, **155**
USP → Unique Selling Proposition

Veredelung   88–90
Verkäufermarkt   13
Verkaufshilfen   80f.
Verlagssignet   34
Verlagsvertreter   42–45
Verlagsvorschau   46–56
Verlegereinband   90
Vertreterbörse   45
Vertreterkonferenz   43–45, 47
Vertretertext   44, 104
Verwechslungsgefahr   103
Videos (für Bücher)   140, 151
4 P im Marketing   21
Virales Marketing   145

Visual Merchandising 130
Vorlesewettbewerb 123
Vorschautext 47, 104

Warenwirtschaftssystem (WWS) 43, 72
Web Monitoring 19
Websites (von Verlagen) 137–152
Welttag des Buches 124
Werbeetat 117
Werbekostenzuschuss (WKZ) 117, 123
Werbemittel 23, 60f., 66, 80f., **155**
Werbeplan 22, 25, 26
Werbung in Büchern 125–127
Wertschöpfungskette 15

W-Fragen 22, 23
Wiederholungskäufe 28
Wiki 148
Win-win-Situation 132
WKZ → Werbekostenzuschuss
Word-of-mouth (Marketing) 145
Wort-Bild-Marke 31
WWS → Warenwirtschaftssystem

Zeitungseditionen 134f.
Zentraleinkauf 45
Zielgruppen 18f., 46–48, 94, 98, 120, 125, 137f.

Für alle, die ganz nach oben wollen.

Junge Karriere-Abonnement

Das Abo für alle Studenten, Auszubildenden, Volontäre und Berufseinsteiger

52 Ausgaben für nur 1 € / Ausgabe, (52 € / Jahr).

Das Börsenblatt informiert jede Woche als führendes Fachmagazin kompakt, informativ und immer aktuell über Trends, Fakten und Entwicklungen in der Buchbranche.

Genau das Richtige für Durchstarter und Überflieger.

börsenblatt

www.mvb-online.de/jungekarriere

Wo Bücher sind, ist das VLB.

Bücher werden immer unverzichtbar sein. Genau wie das VLB. Seit über 40 Jahren und mit derzeit 2,5 Millionen Titeln aus über 21.000 Verlagen ist das VLB zentrale Marketingplattform, Standard-Handwerkszeug, Online-Instrument und Preisreferenz in einem.
Eben: **Vollständig. Verlässlich. Verbindlich.**

vlb
www.vlb.de

Kundenservice
Verlage: +49 69 1306-556
Buchhandlungen: +49 69 1306-555
serviceline@mvb-online.de

1 MIO. TITEL ÜBER NACHT IN IHRER BUCHHANDLUNG

Bücher schneller liefern als das Internet
Erfüllen Sie Ihren Kunden jeden Bücherwunsch

Das Ziel ist erreicht und der Wunsch vieler Buchhändler ist erfüllt: Das Hintergrundlager des deutschen Buchmarkts in Bad Hersfeld wurde auf 1 Million Titel verdoppelt. Zum Angebot zählen weit über 8000 Verlage mit all ihren Fach-, Independent- und Regionaltiteln.

1 Million über Nacht lieferbare Titel bieten Ihnen als lokalem Buchhändler ein wichtiges Alleinstellungsmerkmal: Schnelle Reaktion auf Trends, eine individuelle und vielfältige Sortimentsgestaltung sowie alles für die eiligen Buchwünsche Ihrer Kunden.

Gern stellen wir Ihnen unsere Dienstleistungen im Detail vor. Hier finden Sie Ihren direkten Ansprechpartner: **www.libri.de/willkommen**

Libri GmbH
Logistikzentrum: Europaallee 1 | 36244 Bad Hersfeld
Verwaltung: Friedensallee 273 | 22763 Hamburg
www.libri.de

Partner für Ihren Erfolg

BRAMANN Basics – buch & medien | bibliothek

Die Reihe **BRAMANN Basics** schlägt eine Brücke zwischen der Literatur für Studiengänge rund um Bücher und Medien und der Verlagswelt. Die einzelnen Titel bringen wissenschaftliche Erkenntnisse auf den Punkt und bieten Beispiele aus der Praxis für die Praxis. Die Merkmale:
- kompakte, lernorientierte Umsetzung der Inhalte,
- prägnante Darstellungen,
- übersichtliche typografische Gestaltung.

Band 1: U. Huse, **Verlagsmarketing**
168 Seiten, 20,– € [D]
ISBN 978-3-934054-53-0

Band 2: B. Menche, **Urheber- und Verlagsrecht**
168 Seiten, 20,– € [D]
ISBN 978-3-934054-55-4

Band 3: T. Breyer-Mayländer, K.-W. Bramann, **Online-Marketing und E-Commerce für Buchverlage**
168 Seiten, 20,– € [D]
ISBN 978-3-934054-54-7

BRAMANN Basics – buch & medien | studienhefte

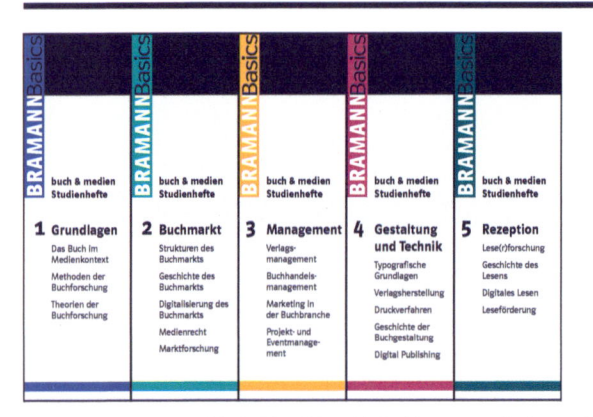

1 Grundlagen	2 Buchmarkt	3 Management	4 Gestaltung und Technik	5 Rezeption
Das Buch im Medienkontext	Strukturen des Buchmarkts	Verlagsmanagement	Typografische Grundlagen	Lese(r)forschung
Methoden der Buchforschung	Geschichte des Buchmarkts	Buchhandelsmanagement	Verlagsherstellung	Geschichte des Lesens
Theorien der Buchforschung	Digitalisierung des Buchmarkts	Marketing in der Buchbranche	Druckverfahren	Digitales Lesen
	Medienrecht	Projekt- und Eventmanagement	Geschichte der Buchgestaltung	Leseförderung
	Marktforschung		Digital Publishing	

Die Inhalte der geplanten 21 Hefte, die ab 2018 erscheinen, ergeben sich aus den Themen der Lehrveranstaltungen und Module der unterschiedlichen Studiengänge ›Rund ums Buch‹. Die Studienhefte erscheinen im Format DIN-A4 und enthalten bedruckte Ordnerrücken-Einsteckpappen für eine thematische Ablage.

Klaus-W. Bramann und Anke Vogel (UNI Mainz) betreuen die kartonierte Bibliothek, während Volker Titel (UNI Erlangen) und Anke Vogel die Studienhefte verantworten.

:Bramann – BÜCHER FÜR MEDIENBERUFE
info@bramann.de • www.bramann.de